野兽绅士

GENTLEMAN & THE BEAST

让你喜欢的女孩喜欢上你

巫家民 ◎ 著

天津出版传媒集团

天津人民出版社

图书在版编目（CIP）数据

野兽绅士 / 巫家民著. —天津：天津人民出
版社，2017.2（2018.6重印）
ISBN 978-7-201-11215-2

Ⅰ.①野… Ⅱ.①巫… Ⅲ.①男性—恋爱心理学—通
俗读物 Ⅳ.①C913.1-49

中国版本图书馆CIP数据核字（2016）第307216号

野兽绅士
YE SHOU SHEN SHI

出 版	天津人民出版社	
作 者	巫家民	
地 址	天津市和平区西康路35号康岳大厦	
邮 编	300051	
邮购电话	（022）23332469	
网 址	http://www.tjrmcbs.com	
电子信箱	tjrmcbs@126.com	

责任编辑 刘子伯
策划编辑 梁 潇
特约编辑 韦 跃
封面设计 马晓腾

印 刷 三河市金元印装有限公司
经 销 新华书店
开 本 710×1000毫米 1/16
印 张 19.5
字 数 230千字
版次印次 2017年2月第1版 2018年6月第7次印刷
定 价 49.00元

目录
CONTENTS

野兽绅士
GENTLEMAN & THE BEAST

CHAPTER 03　**出手抓她的时候"用力一点"**

CHAPTER 04　**男女互动：在野兽绅士眼中就是博弈**

CHAPTER 05　**用联系与约会拥她入怀**

CHAPTER 06 **升级关系时，请在合适时机使用核动力**

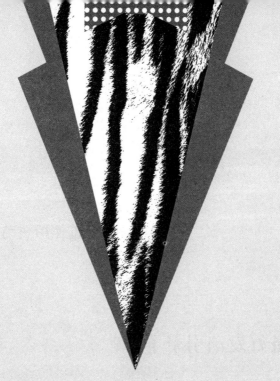

CHAPTER 01

整理下领结，蜕变就从推开这扇门开始

很多人以为读好书、找好工作、有房有车，女人就会自己送上门。

他们一直没空学习如何恋爱，但总有一天，他们会被逼着腾出时间去相亲。

准备好发动引擎了吗？

"没有选择的人生是悲哀的。"

许多男人相信，缘分最终会为他们带来爱情。当时机到来，独一无二的"真命天女"便会从天而降，爱情如童话般自然发生。

如果错过，只是因为缘分未到。

他们相信，魅力是一种与生俱来的气质，任何人都无法改变、无法控制。有些男人天生就魅力四射，没有魅力的男人只能认命。

不幸的是，大多数男人都怀疑过：自己很可能注定就没有魅力。

如果他们早一天读到这本书，就会早一天发现：这种想法是错的！求爱的能力完全是可以后天学得的，因为两性之间的吸引就和万有引力一样——不是选择，而是定律。掌握了其中的定律，你的情感生活就有了自由选择权。

我知道，用不了太多时间，你将会掌握书中的观点与知识，紧接着忙碌地展开一段崭新的人生历程。但在这天来临之前，请允许我先用这个篇章介绍一下自己，以及本书核心理念"野兽绅士"的由来。

我第一次接触涉及男女关系核心的"野兽绅士"理论是在 2004 年，距离今天编撰本书，已经过去 12 年时间。

在那之前，我也和大多数人一样，觉得那些极易受到女性青睐的男人都有超能力。

虽然自己一向算得上是个颇有女人缘的年轻人，交过的女朋友也算不少，但我始终没有深究其中的原因。我甚至一度沾沾自喜，觉得我是不是长得特别帅，要不就个性非常酷，因为我发现有时我越不在乎，女孩子们就越围着我转。直到大学时，我遇到了"真命天女"……

从任何角度去看，她都比同龄女生优秀得多。经过一段时间的相处之后，我的自卑感、不自信都与日俱增。我开始用在世俗观点中普遍认为是"绅士"的方法讨好她，请客送礼、无微不至，努力得到她的欢心和认同，我希望通过改变自己去迎合她。

两年后，这段感情以失败告终。

我再三追问她离开我的原因，她给了我很多电视剧里常常听到的回答："我对你已经没有感觉了。"

接下来的几个月里，我十分颓废，辞去工作、荒废学业，每天百无聊赖地闲逛发呆，要不然就是沉迷在游戏之中。

潜意识里，我也许这样想：假如她离开我，自己便别无选择。我不知道下一次如此深爱一个人会发生在何时，不知道这辈子还会不会有同样优秀的女人爱上我。那是我人生中最黑暗的时光之一。自从分开后，因为感到孤单，我花了很多精力来重启感情生活，重新结识女性。可我仍然不了解女人，所以就像不少男人一样，困难重重。

不知道为什么，我发现有些男人总是能够和陌生女性轻松攀谈起来，逗得她们花容绽放。没多久，他们就能和女人十分热络，牵手、拥抱，甚至很快就会接吻。而这些男人的衣着品位在我看来都不怎么样，有些还从事着当年心高气傲的我所瞧不起的工作，他们身上的饰品、文身也是我向来不屑一顾的。

凭什么？

看起来这种男人与传统观念中的"绅士"相距甚远，却总是能获得女性青睐；而我自认为还算优秀，却总是希望落空的那个人。看到女人倒贴别人很让我不解，况且那个男人其实并没有多优秀。

我甚至一度认为，在剩下的漫漫人生中，自己不可能再像从前那样享受恋爱。此时的我还没有认识到，原来男女之间的交往，竟然也存在着某种"游戏规则"。

某天早晨，室友 Saint 拍拍我的肩膀，递给我一本小册子说："这东西你应该看看。"那是一份网络文章集，主题是讨论让女孩爱上一个男人的方法。这些文章直白、粗鄙，它们要求男人像野兽一样主动去捕猎女人。

我对此嗤之以鼻。我并不相信感情这东西可以主动控制，如此浪漫而严肃的一件事，应该交由命运去安排，否则就是一种对它的亵渎。

直到有一天，我在地铁上偶遇了 Saint。他不是独自一人，一位比他高半个头的金发女孩正搂着他的脖子，两人亲昵地调笑着。我死死地盯着 Saint，26 岁的他身高不足一米七，体态有些微胖，发际线都开始后退了。身高、相貌、衣着……无论从任何一个标准衡量，这个金发女孩的优秀程度都大大超过了他！难道他真的有一些过人之处？

人生中第一次，某种执念在我内心崩塌了。我呆坐在椅子上，无数问题如洪水般涌了出来。

经过几个月的空虚折磨，我终于开始直面自己一直逃避的情感问题。一个早上，一些微弱的回音在我耳边响起：

我想要伴侣，一段不会让我感到孤独的感情。

我想要性，来满足我的肉体和内心需求。

我想要认同，希望女人觉得我有魅力。

我想要选择，而不是被选择。

我希望被其他男人尊重。

我想让前女友对背叛我感到自责和后悔。

我希望，哪怕我的问题目前没有答案，也想看到一条可以找到答案的道路。

至少，我要让自己的人生不再遗憾，要搞懂女人这个神秘的物种，要有能力把握自己的幸福。"至少试试！"我想起那份尘封了大半年的礼物。

如今，我仍然可以清楚地回忆起那个燥热的午后。我没吃午饭便迫不及待地跑回家，翻箱倒柜，在一只旧书箱里，终于找到了那本破册子。灰尘在残旧的纸页间飘起时，我仿佛领悟到一种亘古不变的隐喻。自翻开它的那一刻开始，我的人生天翻地覆。

一个新的世界向我敞开了大门。

自救：启蒙之路

有关女人这方面的事，我想我并非天才。相反，我可能还有点笨拙，因为我从来没遇到过一帆风顺的时候。有人能一秒钟变公主，有人只用180天就能变爱情高手（Saint给我的那本册子里有记录），但我起码耗费了两年时间才开窍。

网络上的帖子、电子书和邮件列表带给我全新的视野去解读男女情感，我开始观察人与人沟通的细节，重新思考人类社交中存在的"游戏规则"。男人和女人之间本来就相互吸引，这种本能上的迷恋，比人类社会的复杂两性秩序直白得多。我们只是习惯了顺从文明、顺从他人的期待，才收起这些本能，把自己伪装成一个"绅士"。

这是一种系统化的知识，我只是从零散的文章中看到一丝曙光，但仅仅凭借这些，我已经可以和女性更好地认识与沟通了，但一切都还是很不稳定的，碰上哪天老天开心就赏个美女对我笑笑。后来我明白这些就是狗屎运，只不过自己胆子大了而已。那些网络上的知识真伪难辨，多有片面之词，让我走了不少弯路。

半年后，我遇到了在互联网上被大家称为"杂耍人"的一代传奇人物韦恩·伊利斯（Wayne "Juggler" Elise），他为我指了一条明路。

韦恩最早于2000年就开始进行约会技巧实况教学，也是最早将男女交往的"游戏规则"通过互联网分享出来的约会专家之一。韦恩主持着一档电视节目叫《诱惑学院》（Seduction School），同时为《时尚先生》《今日心理学》撰写男性约会技巧专栏。他主张做个"自然男人"，主动出击，以自身的魅力吸引女人。就像电影《全民情敌》里面的约会专家一样，他曾帮助很多男人在现实生活中找到了自己的女伴。

当时，刚刚搬到纽约的韦恩正巧住的地方离我家不远。由于之前在互联网上频繁邮件往来而熟悉，我们很快就见面了。我得到大量机会向这位大师学习，也见证了许多神奇的时刻。

我印象最深的一次，便是和韦恩在联合广场的星巴克聊天时，我们身边坐下一位身材健美、戴着眼镜的拉丁裔女孩。韦恩推了推我说："那是你喜欢的类型！"他早就发现我在偷瞄那个女孩了。

借助韦恩给予的勇气，我顺利地用一个"话题开场白"和那位女孩搭讪了起来。她也从一开始的保守态度，在攀谈中逐渐变得开朗有趣……半个小时后，她收起自己的笔记本，约我一起到河边公园去散步。

两年后我离开纽约，这段情缘给了我无数美好的回忆。这一切都是韦恩的功劳，对他来说，吸引女人就是这么简单的事。他教会我主动出击，也教会我在短时间内通过互动与女人建立情感联结——这一切都基于上帝创造我们时在基因里埋下了互相吸引的种子。经过两年的学习，我从本质上了解了女人的思维模式。

也是从那时候开始，我突然发现认识女人、吸引女人并不仅仅靠天赋，让自己的魅力大幅提升才真的是不可或缺的！

学校和社会能教给我们生存的知识、谋生的技能，医疗系统和保健知识能够帮助我们保持健康的体魄，那为什么没有人从小指导我们如何去和异性交往呢？这对人生的影响也很重大啊！

蜕变：我寻访了北美所有的约会专家

韦恩曾告诉我，如果世界上还有他所钦佩的人存在，那就是"谜男"。

"谜男"（Mystery），是加拿大人艾瑞克·冯·马克维克（Erik Von Markovik）的绰号。他被誉为人类史上首位将吸引女人的技巧归纳为系统方法的情感大师，VH1 电视频道为他量身定制了《泡妞达人》（The Pick-up Artists）真人秀，著名作家尼尔·施特劳斯（Neil Strauss）将作为谜男学员的成长经历撰写成同名小说，小说出版后一路蹿升到畅销书排行榜前十。当时，谜男还没那么出名，但我愿意相信，连韦恩这个自大狂都佩服的人一定不是凡人。

我在网上联系到谜男的课程，毫不犹豫地登记，然后付费。课程费用是 3000 美元，加上车马费，我的花费超过 5000 美元——相当于今天 10 台 iPhone 的价格。对一个大学生来说，这数目可不小。但事后再回顾这些年的经历，我认为这笔投资对我整个人生而言绝对物有所值。

在拉斯韦加斯的一家俱乐部，我见到了谜男，他正被几位非常漂亮的女性围绕着。他和他的朋友们从衣着、谈吐到行为无不让人倾倒，他们每一个小小的举动都左右着现场所有人的情绪。谜男简直是个摇滚明星。他后来告诉我："在近 20 年的职业生涯当中，我发现最重要的一个细节就是——你必须从进入环境的那一刻开始，立刻掌控全局。"

正因如此，谜男从不追逐女人，只有女人来追逐他！对他来说，吸引女人是个策略游戏，每一步都有背后的原理和智慧，这才是"绅士"的本质！

什么时候该做什么、说什么，以及精准的细节微调，对一个真正的绅士来说都值得推敲和研究。如果摸清楚社交行为背后隐藏的"游戏规则"，男人就能脱颖而出。

"绅士"的真正含义，指的是一个男人基于文明层面的性别魅力。

和谜男共同生活的经历让我大脑里混沌的知识变得清晰起来，如何与女性交往的秘密在向我揭开。《约会倍增术》作者大卫·狄安杰罗、"NLP诱惑学"的倡导者罗斯·杰弗里斯……我拜访了一位又一位名噪一时的"约会专家"。我们在加州一流的酒吧狩猎，在纽约不知名的地下画廊约会留学生，在中央公园酒店的走廊里和刚认识的模特儿亲热，在西班牙 Javea 小城的音乐节上纵情狂欢。

接触的女人越多，有关两性关系的规则在我脑海里就变得越来越清晰——即便女人们性格不同、品质不一，但突破表象，深层之中她们仍然有一系列共通的偏好，那就是被男人的雄性特质深深吸引，这是一种本能使然。同时，作为社会中的个体，女人们在潜意识中也熟练地用一套准则去评判男人，并由此产生爱慕和迷恋。

做个"野兽绅士"，这就是我发现的让男人浑身散发出魅力的秘密。

做个"野兽绅士"

2009 年，我决定回到中国。

向谜男告别时，我俩站在纽约 Forum 酒吧的门前，手里端着啤酒欣赏进进出出的美女。他突然表情严肃起来，郑重其事地对我说："Tango，过去你可能学到过、发明过成百上千个吸引女人的招数，但我现在建议你把它们统统忘掉，只需记住两点！

"第一，男女之情不是随机发生的，是一系列进化心理导致的必然结果！

"你看看我们身处的世界，异性相吸根本不能选择。盲目追求、吃饭送礼，这些方式根本没法从本质上让女人爱上你。但是，一旦我们能够掌握其中的秘密，不夸张地说，一个男人完全可以来个大逆转，拥有自由的择偶选择。

"第二，男女之情的关键在于找出对方的核心需求，而找出女人核心需求的关键在于你的直觉，你身处社交环境中的直觉，这一切都基于对人性的理解！"

我记住了，也做到了。

从2004年那个阳光猛烈的下午，一直到2016年的今天，我从未停止过对"野兽绅士"这个秘密的探索。我深刻地认识到本能与社会性，这两个因素影响着男女关系的本质。

我不知道被媒体称为"爱情高手"是不是一种荣誉，但在我的概念被一再肯定后，这些技巧心得逐渐受到了众多国内外媒体的认可，其中包括《时代》周刊（Time）、CNN（美国有线新闻网）、BBC（英国广播公司）、Reuters（路透社）、NBC（美国全国广播公司）、CCTV（中央电视台）、《南方周末》《中国日报》《法制晚报》《新华报业》《中国经济导报》等知名媒体。

但我并没有因此而停下来。回国后，我结交了数以百计的情感专家，和他们一起寻找为男人排忧解难的终极方案。每个周末我们都像野兽一样，钻进社交的"丛林"里实践这些技巧，并且确保测试过百遍以上。我们甚至因为太受女生欢迎，威胁到别的男性顾客，而被北京一家有名的酒吧拉进了黑名单。为了更了解中国文化背景下的男女关系，我也四处游历，从北京、上海到丽江、拉萨，都有我的足迹。

12年间，通过多样性的思考，以及与无数女性互动的经验积累，我触摸到了打开两性吸引力开关的方法，也发现了建立起一段情感关系的公式。我有了选择——不仅能够在短短几分钟内让女人为我心动，更能让女人投入一段享受的感情。

除此之外，掌握"游戏规则"也给我人生的许多方面带来了非常积极的影响。我开始不害怕公开演讲；我开始大胆在别人面前跳舞；我开始学会表达自己真实的想法；我开始以平常心结交更多的朋友；我开始懂得解读社交环境里每一个细节透露出来的信息；我开始懂得如何去和父亲沟通；我开始懂得巧妙地展示和包装自己；我开始懂得为成千上万的中国男性解决他们的情感问题；我开始懂得把握住自己的爱情……我想，这些经历能让我真正地成长为一名"绅士"。

同时，经过长期的传播，"游戏规则"已经被视为亚洲男性魅力、情商、恋商学习的范式。

当我们所做的事情被曝光后，我的邮箱被男人要求学习这套"秘方"的电邮挤爆。但是，因为这套方法在某个程度上是利用了女人本能上的"漏洞"去达到吸引她们的目的，所以也引发了相当多的质疑。

我想说的是，"游戏规则"存在于我们的基因里，存在于社会的每个细胞中。

我们必须理解的一点是，本书所提出的理论和技巧只是一套工具，因为出发点、过程、手段的不同，势必也会带来不同的结果。它能给你带来幸福，同时，如果使用得不妥当的话，会伤害别人，也会伤害自己。西方有一句俗语："Don't hate the player, hate the game."在我看来，它最终的目的不是得到一个（或很多）女人，而是帮助一个男人构建他的人生。我可以非常肯定地说，掌握规则很可能为你带来一些甜头，你可以通过它获得很多女人的青睐，但它无法从根本上改变你的情感生活。获得幸福的根本逻辑并不是掌握技巧去吸引更多女人，而是通过与女人更好地相处，来建立起更精彩的人生。

比如我，天生并不幽默，相反还有些古板。面对感情，我并不潇洒，反而还有些拖泥带水。我也算不上勇敢坚强，在情绪低落的时刻，我甚至懦弱自卑。

从各种角度来看，我似乎并不值得被爱。

但我得到了一切看似本不应属于我的东西，我离人生终极的幸福越走越近。只因为我选择寻找答案，选择探索更多的未知，而不是待在原地，期望别人告诉我该怎么做，期望别人主动来爱我。

罗伯特·弗罗斯特的一首诗，从我读大学时就一直激励着我，它的名字叫《未选择的路》。

> 黄色的树林里分出两条路
>
> 可惜我不能同时去涉足
>
> 我在那路口久久伫立
>
> 我向着一条路极目望去
>
> 直到它消失在丛林深处
>
> 但我却选择了另外一条路
>
> 它荒草萋萋，十分幽寂
>
> 显得更诱人，更美丽
>
> 虽然在这条小路上
>
> 很少留下旅人的足迹
>
> 那天清晨落叶满地

两条路都未经脚印污染

呵，留下一条路等改日再见

但我知道路径延绵无尽头

恐怕我难以再回返

也许多少年后在某一个地方

我将轻声叹息把往事回顾

一片森林里分出两条路

而我却选择了人迹更少的一条

从此决定了我一生的道路

记住，在你面前打开的这本书，其作者就是一个活生生的例子：魅力非天成，世上没有真正的天生情圣。如果我生在森林里，只会变成人猿泰山，而不会是现在的我。我知道在你前面或许困难重重，大部分挑战也不太可能短时间内得以成功。但幸运的是，在你眼前，多了一条可供选择的路：至少你已经找到了能够帮助自己的"野兽绅士"。

只要你心怀信念，坚持寻找答案，你也一定有权选择自己的人生。

杀死过去的你：
游戏开始前，需要明白的五件事

野兽绅士

不要寻找"最权威"的方法，因为它不存在

很多人，包括以前的我，都希望能拥有"最快速""最有效""最权威"的武功秘籍，稍加修炼便纵横无敌。十分遗憾，到目前为止，还没有人能够如愿以偿。如果谁知道能实现这个愿望的方法，麻烦请先告知我。

12 年间，我遇到过不少国内外著名专家，与一部分专家甚至有过很深入的接触或者合作。有朋友问我："你觉得这些成功的情感专家有什么样的共同点？"我想说，共同点就是：他们每个人都觉得自己的方法是最牛的，老子的理论天下第一。

有时候，我也会觉得自己说的每一句话都是天地间的真理……

这想法看起来很荒谬，其实背后有一种合理的解释，那就是：每个人的方法其实都是完美的，但仅限于应用在自己身上。

与大部分社会科学一样，男女情感问题并不存在绝对的黑与白，而是存在大片的灰色地带。

女人是宇宙间最大的谜团。如果男女间存在一个公式的话，那么这个公式必然涉及大量未知的变量。这些无法控制的变量决定了我们不可能有一种绝对有效的解题方法，而本书主旨是融汇百家之言，在众多变量当中精粹出关键点，让你能够比普通男人多一些掌控力，并学会兼容并蓄，保持谦卑，避免钻牛角尖。

每个人的自身条件不同，起点不同，也决定了每个人所需要的方法有所不同。所以请不要再纠结和徘徊。本书会列出男女交往每个阶段中最高效的解决方案，请多尝试，多尝试不同的方法，相信你最终会找到一个适合自己的方法。

请多尝试，尝试接触不同的异性，相信你最终会找到一个适合自己的另一半。

欢迎不舒适感，它意味着成长

魅力是生活模式和性格的沉淀。女人如果喜欢你，往往是被你的生活模式吸引。

我从小就缺乏安全感，非常在乎别人怎么看待自己，非常刻意地保护着自己的自尊心。

念大学时的一个晚上，好朋友带着刚失恋的我参加一个社区慈善聚会，我们都约了女伴。那是一个迷你拍卖会，大家把家里不用的艺术品拿出来拍卖，筹得的资金将会被用于慈善。

拍卖过后是一个交谊舞会环节，不安全感再次笼罩了我。我不敢在朋友们面前和女伴一起跳舞，虽然每个人都只是在享受当下，没有人在意你的舞姿如何，但我还是非常别扭和紧张，害怕出糗。

我跟朋友说我饿了，要去看看有什么吃的。没过多久我说我渴了，要喝东西。再后来我说我喝太多水了，要去洗手间。最后我说我家里有事请，要出去打个电话……好好的舞会就被我这样搪塞了过去。晚上回家的时候，女伴没和我说一句话，我很沮丧。

第二天，我上网浏览了很多关于交谊舞的资讯，并且回学校报名参加了交谊舞团，决心从零开始。我想，学跳交谊舞应该会有很多的机会去认识不同女孩，而且跟舞伴之间总能发生点浪漫的意外吧……结果很遗憾，我跟我的舞伴之间，什么事都没有发生过。坚持了两年后，因为工作忙碌，我停止了跳舞。看起来我的一切努力都白费了。

之后的某个夏天，我到一个完全陌生的地方去度假。在那里我突破了日常生活的束缚，多了许多展示自己的机会——社交活动、舞会和公共演讲。我突然发现，这些以前一直让我十分别扭的事情，在这次度假中，我却能应对自如。我后来意识到，原来这些都得益于那两年我对交谊舞的坚持。到现在，我仍然对学校的交谊舞团心怀感恩。

一个人的改变，并不在于换一身这衣服或者背几个笑话，而是不断地去改变自己的行为模式，让自己变得更好。在这个过程中，你总会触碰许多不舒服的领域。而不安全感源自对未知事物的恐惧，试过了，也就知道其实它没有什么大不了的。当你感到不舒适的时候，请记着，不用害怕，它意味着成长。只有让生活积极起来，充满正面、健康和有趣的元素，才会让更多有魅力的人被你吸引，也只有这样，你的魅力才能保鲜。

当你变得更好时，世界会阻拦你

也许，当你努力做出改变时，却会沮丧地发现，同事、好朋友甚至亲人都会质疑你的改变。

他们会说，"以前你都不会打扮成这样""以前你不会参加这些活动""以前你不会乱说话，我觉得你变了"……

他们会嘲笑你对爱情的渴望。不要奢望身边人能够体谅你。当你努力变得更优秀时，世界会阻挠你，尝试把你拉回人堆里。你需要认识更优秀的人，也需要对自己更坦率。

开始钻研"游戏规则"以后，我频繁地和女人约会。在很长一段时间里，我从不敢让身边的人（尤其是家人）知道我竟然有这样的一面。频繁的约会曾严重影响了我的生活。我甚至一度担心，自己是不是有什么毛病。

从小，我就是一个非常不安分的人，心里有很多狂野的想法。以前，我一直不敢正视这些欲望，因为我觉得别人会鄙视我。

近几年，随着眼界的大幅拓宽，我开始明白，自己对女性的强烈渴望并不是什么毛病，而是源自一种对亲密感、归属感的追求。

我生长在一个单亲家庭，5岁的时候，癌症夺走了母亲的生命。父亲为了生计，长年在外地工作。在很长的一段时间里，我和不同的亲戚、保姆、司机一起生活。我希望得到关注、亲密和爱，而女人们给了我这一切。

神奇的是，当我能够接受自己时，身边的人，包括我父亲在内，也都更能接受我现在所做的一切，父亲还在电话上问起我和朋友在丽江的故事，因为他经常看我的博客……我越来越发现，最排挤自己的往往不是别人，而是我们自己。

接受自己，勇于面对自己，是整个人生中最难攻克的一关。很多男人不愿意承认自己需要女人，不愿意花时间去学习谈恋爱，认为读好书，找个好工作，买车买房，女人就会主动来敲门、送货到家。但总有一天，他们会被逼着腾出时间去相亲。

很多无法勇于面对自己并做出相应改变的人，最终只能成为人生的失败者。

我很喜欢电影《搏击俱乐部》里的一段台词："这是我们的生命，而它却在一秒一秒地流逝。我们花了大半辈子的时间，在追求一个根本不享受的生活模式。你想掌控生命，但结果是，生命掌控了你。"

拥抱新思维，也接受风险

本书中提到的很多概念都是反逻辑、反直觉、反常理的，也就是说，你需要抛弃旧思维模式，为自己订立新的游戏规则，否则一切都是枉然。

比如，基于传统观念，我们经常会给身边的人和事贴上形形色色的标签。我们会假设如果在吃饭时让女方结账，她就会瞧不起我；假设我对她好，她就应该会对我好，喜欢我。其实，这一大堆假设只会妨碍你推进与对方的情感关系，而且事实告诉我们，这些假设毫无根据。事实上，女人往往比我们所想象的更为开放，保守的往往是男人而不是女人。

女人们不是物质的代名词，不是乖宝宝，不是公主病，如果你觉得她们是，那很可能是你的问题。她们是活生生的女人，她们需要男人，不要因为害怕被拒绝而给女人贴上标签。

为了得到她，你必须要接受可能会被她拒绝的风险。尽管在自己特别喜欢的女人面前，这点通常难以做到。

这不是娱乐，需要承诺和投入

我见过无数男人在网上下载关于两性关系的书籍和视频，但从来不去学习这些材料，更别说实践。他们把此事当成了一种消遣，从不在现实生活中对照材料进行演练。甚至有些所谓的名师专家，说起理论时总是头头是道，如数家珍，知道 100 种追求爱情的方法，却一个女朋友都没有。纸上谈兵不会教出实战高手，男女交往是一门只有通过实践才能领悟的知识。

只有通过大量的投入（时间、精力、金钱等等），你才会真正地有所斩获，这笔投资也将大大地丰富你的人生。如果你暂时没有准备好做出投入，那么在我看来，与其半途而废，还不如现在就停止。

拿出你最好的一支笔记下这个定律

婚姻、恋爱、多重开放关系……尽管今天我们的社会意识形态、价值观越来越多元化，各种情感关系都被标上让人眼花缭乱的标签，但归根结底，任何一段情感关系，都由三个重要因素组成：吸引、可得性、投入度。

需要强调的是，这个公式所模拟的并非思维抉择，而是行为抉择，也就是说，我们不一定会在意识层面上进行如此清晰的博弈，但我们的本能会驱使我们围绕这三个因素做出选择。

我们得稍费一些笔墨，来好好探讨一下这三要素是如何支撑起一段情感关系的。 本书的所有理论和技巧都会围绕着这三要素来推进，它们会贯穿感情的每个阶段，所以，花五分钟耐心读完吧。

图 1-1

吸引

"吸引"很容易理解。猫追逐蜻蜓，是被吸引了；路人驻足倾听提琴演奏，是被吸引了；你盯着广告上的大胸妹不放，也是被吸引了。

但要认真解读一下你会发现，吸引包含着复杂的内核。

吸引是种情绪，与理智无关

看到尸体，你会产生恐惧；看到孩子，你会产生爱心。与这些感受一样，"吸引"是一种情绪反应，无法用理智去左右。

打个比方，当你的手指被门夹了，你再用理智告诉它"不要疼"，它的疼痛也不会停止。这也许和情绪反应不太相同，但是个很好的比喻，你也一样不可能用理智说服一个女人喜欢上你，所以才会有那么句话：在有吸引的基础上勾搭，叫作爱情；在没吸引的基础上勾搭，叫作性骚扰。

有那么多人会偏激地宣称"不要和女人讲道理"，就是基于这个原因。对着情绪讲道理的男人都是笨男人。明明她上一分钟才发过誓，这辈子找个老老实实的人就嫁了，下一分钟依然会爱上浑蛋。引导女人做出决定的就是吸引力。吸引力和万有引力一样——不是选择，而是定律。

你的体内潜藏着"吸引力开关"

在本书的理论体系中，"吸引"更多地体现在一个男性身上所具备的价值是否能匹配目标女性的需求。

有点绕，对吗？好吧，为了方便大家理解，我举一个很简单的例子来说明这个问题："我想要一个苹果，你却给了我一车梨，还问我为什么不感动！"

这个时代，男人最容易陷入的误区就是：把上文所说的"价值"完全理解为人们口中念叨着的"条件好"。

"我有车有房，事业有成，长相也不差，她为什么就是不爱我？"问出这种话的男人的确蠢得可爱。车子、房子、票子，如果光凭这么简单的条件就能吸引到你想要的女人，那你真的要去庙里烧香拜拜，感谢老天赐给你好运气了。

每个女人都是独立的个体，她们的需求大有分别：有的女人热爱自由，有的女人热爱家庭；有的女人希望给予，有的女人希望接纳；有的女人寻找激情，有的女人寻找天长地久。请不要幻想一招鲜吃遍天，这些需求女人往往不会直接说出来，而要靠男人敏锐的直觉来捕捉，我们以后在"社交直觉"这个概念里，再深入阐述这个问题。

除了个性化的需求以外，绝大部分女人还会有许多共性需求。

比如，没有女人会拒绝一个有着满满的上进心和社交智慧，体贴、正直、自律、礼貌、整洁的男人，如果再加上点力量感、冒险精神和感染力，那他基本上就是大众情人了。想要变得有魅力，想要获得女性的青睐，就必须成为一个能够满足大部分女人共性需求的男人。针对这些共性需求，我们总结了一系列"吸引力开关"，这些"吸引力开关"是建构男性魅力的关键点，它们在情感关系的每个阶段产生的效果各有优劣，我会在每一章的开头详细列举。

制造"吸引"，你能学到比电影桥段更有用的技巧

情绪虽然无法控制，但它是可以制造的。我们在电影里常看到的开了挂的男主角用各种姿势处心积虑地玩浪漫，就是在人为制造"吸引"。

但与在电影中男主角无往而不利的效果相比，在真实世界里玩这一套，反而很容易酿成悲剧。几乎每个月都会有类似的媒体报道：各种各样的痴心汉大费周章地示爱，女孩子十分感动，然后拒绝了他。大多数时候，制造两性之间"吸引"的方法其实很朴实，也许是一句话，也许是一个小小的动作，也有可能需要费一些力气，安排一系列令人难忘的约会（但绝对不需要动用直升机和"泰坦尼克"号）。这些手法，比临摹爱情电影里的桥段要有效得多。

制造"吸引"的理论及技巧会分别在第二章、第三章和第四章中详细阐述。

可得性

在本书的理论体系中，"可得性"这个概念是指女人有多大机会能够得到你。

单纯用"吸引"这个概念其实并不能完全解释清楚两性关系。想象一下，如果所有女人都去追逐最有吸引力的男人，那么相对平凡的男人怎么获得恋爱的机会？从进化心理学的角度来分析，对"可得性"的考虑保障了人类的"物种平衡"，是自然进化的结果。

女人在遇到心仪的男人时都会自问这样的问题：

"我们合适吗？"

"他是真的喜欢我吗？"

如果这两个问题的答案都是"Yes"，那么对她而言，你的可得性就很高了。

不管一个男人如何优秀，作为女性，若然感觉到和他毫无机会发展感情的话，便会本能地制止自己进入恋爱模式，因为她明白自己不会得到任何回报。正是基于这一点，除吸引力以外，女性还会认为男性的其他品质很有魅力：忠诚、慷慨、坦率、善于赞美……这类品质都是围绕着"可得性"构建的。就算你作为男性的吸引力不强，但是如果你具备女性所欣赏的"可得性"魅力，你也一样有机会俘获她的心。我会在后面的篇章中分享构建此类魅力的经验。

就算你作为男性的吸引力不强，但是如果你具备女性所欣赏的"可得性"魅力，你也一样有机会俘获她的心。

这也说明，并不是只要努力提升自我、变得更有吸引力，就能获得任何一个女人的芳心。对"可得性"的把握，是本书所述理论及技巧的三个重要方向之一。

吸引与可得性，如同天平的两端

"吸引"和"可得性"处于此消彼长的关系之中，男女在择偶的时候会同时考虑"可得性"的问题，去调节"吸引"差异。

就好像一个女生是小贝的铁杆粉丝，聊天话题总是离不开他，这就说明小贝对她来说是有吸引力的，但小贝有可得性吗？没有。因为她知道，他和她之间仿佛隔着一光年的距离。而她身边的你，虽然不是小贝，但她知道你喜欢她，能在她需要你的时候随时出现，在这种情况下，即便你对她的吸引力远不如小贝，她还是更容易爱上你，因为你的可得性是高的。这听起来有些像我们通常所说的"门当户对"。

你的"吸引"比"可得性"高出越多，女性越会觉得你难以接近、高不可攀，你们之间生活的交集会越来越少；你的"可得性"比"吸引"高出越多，女性对你的兴趣就会越小，因为在正常的逻辑里，好货不需要通过减价来促销，有价值的男人不可能低三下四任人挑拣。况且，人类都有一个共同点：对可能得到但又可能得不到的东西，他们会更感兴趣。

我们可以把"吸引"和"可得性"理解为天平的两端，任何一端太重，都会让关系失衡。男人最常犯的错误之一，就是在刚认识心仪女性的时候便大献殷勤、频繁示爱，"表白死"就是这类错误的典型：在没有足够"吸引"的情况下，给"可得性"加上过多的砝码，只会加速关系的垮台——出于对这个男人"质量"上的怀疑，女人彻底失去了兴趣。

本书的重点探索方向，就是同时调节好这两个因素，让它们同时增加。本书第四章、第五章及第六章会着重讨论具体的技巧。

投入度

投入度在这里指的是女性为你付出的资源多少，包括有形的和无形的。

追女孩的典型模式动作一般可以被拆分成：男人追着女人跑，男人请女人吃饭、看电影，给她们买礼物、送花，无条件对她们好……如果单纯从人与人之间的相互性上来说，女人就应该投桃报李，就应该因为男人做了这些而认同他、欣赏他、爱上他。

事实呢？别说认同了，许多照着这个模式做的男人甚至连基本的尊重都没得到，太可悲了。

这到底是怎么回事？

投入度决定了女性的情感体验

心理学家卡瑞尔·鲁斯布尔特（Caryl Rusbult）在 1980 年提出了"承诺投入模型"，他指出，人类对情感关系做抉择时，会首先将所有候补选择（俗称为"备胎"）所能提供的价值做比较和衡量。如果没有"投入度"这个因素的存在，那么所有人都应该在力所能及的范围内选择价值最高的异性，这样他才能拥有最满意的感情。

但是现实的择偶现象告诉我们，人类的行为并非如此简单理性。

在很多情况下，人最终选择的往往不是价值最高的那个人，而是自己曾经付出最多的人。投入是一段关系中最为重要的催化剂，人们更愿意去守护自己付出努力所获得的成果，他们为一段关系投入得越多，对这段关系就越是难以割舍。这跟经济学所说的"沉没成本"概念如出一辙，都反映了人类本能上的选择。

举一个例子，女人在逛街时很可能会对海报上一个颜值满分的男明星产生兴趣，但从理论上说，她还并未进入恋爱的状态，因为她还没有为他付出过任何东西。她没有见过这明星本人，没有为他付出过一分钟，也没有为他花过一分钱。所以哪怕在接下来的一分钟她得知这位明星明天即将要和别的女人结婚，也不会感到过度伤心，因为她心理上并没有"失去的恐惧"。相反，如果有人此刻告诉她："你男朋友昨天和别人上床了！"她很可能会感到撕心裂肺般的痛苦，过往的回忆一幕幕浮现在眼前，她会在是否分手的念头间徘徊纠结，因为她曾为男友投入了太多太多。

简单来说，一个女人的情感体验并不完全只由她从这个男人身上获得多少东西所决定，更多是由她在这段关系中的投入量所决定。她的"投入度"决定了她对一段感情的情感体验。

投入与自我说服

矛盾的心态始终贯穿在女人的生活中，不管是挑衣服还是挑男人，她们都会摇摆不定。选择后，一旦结果和自己本来的预期不同，就会产生出不舒适、不愉快的情绪。她们需要为自己找个理由来调整这种负面情绪，说服自己最初的选择是合理的，这是一种本能反应。

你或许经常听到这种故事：

某个女人爱上了一个薄情郎，男人满口谎言，轻率承诺，让女子一再受骗。女人轻信承诺堕胎了无数次，却始终苦苦等待男子回心转意。身边人会说这女人太过痴情，被爱迷昏了头。有些人还会说这女人太笨了，要是我早就把那男的给甩了。

一个女人选择了一个烂人，所有的亲友可能都会来劝她离开他，但她终究还是选择了烂人。等到激情过去，烂人开始原形毕露，这下惨了，她牺牲了亲情、友情，却换来这样的结果，她当然不能接受。既然无法改变对方，她只好改变自己的认知，她必须说服自己，那男人虽烂，但是也有可取之处。女人为男人牺牲得越多，她就越无法放弃，因为无法释怀自己的沉没成本，她只能不停地暗示自己："我太爱他！"

这就是一种典型的自我说服。

我们不鼓励你利用人性的弱点去欺骗女人，但作为男人你必须明白一个道理：女人只会为自己曾经付出和投入的感情负责。无论你条件多么优秀，如果无法让自己喜欢的女人为你投入，那她就无法爱上你。所有的好好先生都没搞清楚这点：恋爱中，重要的不是你对她有多好，而是她为你付出了什么。换句话说，无条件地为女人付出没有意义，只会让你陷入自怨自艾的循环。在你投入的同时，她也需要往你身上投入，你们之间才能产生长久关系。

让女人投入的例子：

金钱投入：让她请你喝东西，吃甜品。

情绪投入：让她因你产生情绪变化，无论悲伤还是欢喜。

时间投入：让她花时间陪你，逛宜家买家具。

情感投入：牵手、亲吻。

精力投入：让她产生预期、惊喜、失望。

一个女人如果愿意花足够时间跟你相处，甚至愿意花钱请你吃饭，那么在她的潜意识里必然会形成这样一个逻辑："我之所以花时间陪你，花钱请你吃东西，都是因为我喜欢你。"不然她无法解释这种行为。

不是吗？

"真命天女症"

我遇到过无数男人，面临同一个问题：对某位尚未建立亲密关系，甚至还未约会过的女孩产生毫无缘由的迷恋。他们既渴望又紧张，围着她团团转，"她是我的真命天女""她和所有女孩都不一样"，久而久之，他们觉得自己爱上了这个女孩，但收获的，往往只有失眠和眼泪。

不，世上没有"真命天女"，只有"真命天女症"。

在一个男人产生恋情的初期，一旦为某人投入过度，"吸引"和"可得性"的判断会受到严重的干扰，甚至虚构出假象，瞬间聚焦到幻想对象身上。这是一种迷幻效果，他会感觉她比所有女人都有吸引力，并为此茶饭不思。他会自作多情，会去分析她每一个细小的行为，并认为她处处也表现出隐约的情愫。他会认为这位女性是无可替代的。

潜意识使得这些男性总感觉自己配不上对方，他们也许在别人面前很自信，唯独在那个女人面前就自卑了。这类男人通常内心情感丰富，但是跟其他人的情感交流不多，因此他淘气的潜意识会顺势捏造出一个理想的"真命天女"形象来满足他。而一旦现实中出现类似的女性时，他会自然地把很多理想化的特质安插在她身上，以至于在他的心中对方不是一个人，而是"女神"。讽刺的是，他对女孩的这些感觉只会把她推开，因为女人是不可能被未对自己进行实际投入就爱上自己的男人吸引的。

"女神"也会挖鼻屎、放臭屁，睡沉了也会把口水流在枕头上。一切女人会有的缺点她都会有。"真命天女"是一种癔症，只是犯病的男人们视而不见。他们越是这样，"女神"就越不愿意为他投入。女人很聪明，她们知道这种关系是失衡的，就算两人最终在一起，男人也只会发现她和想象中不一样，他会失望，会对这段关系产生怀疑和否定，因为单方面投入的感情是不真实的——这对女人可没什么好处。

由此可知，男女之间的感情关系应该由彼此之间独一无二的联结为基础，这种联结是由双方对这段感情的"投入度"所共同构成的。男人为了讨好心仪的女性，妄图通过各种方法去换取对方的爱，其实是效率非常低下的行为，甚至是本末倒置、南辕北辙。男人应该思考，什么样的品质能吸引女性增加"投入度"，而不只是自己单方面为她付出！

所以，在本书的理论体系中，引导女性向一段关系中投入，是情感进展的关键。在后文中会有详细的理论技巧讨论这一点。

吸引、可得性、投入度，要想成就一段情感关系，这三者是缺一不可的，它们互相之间的影响、作用和干扰也极其微妙。我知道你现在有点犯晕，别着急，在接下来每一章，都会介绍两性关系的一个具体环节，在这些环节中，你将会看到三要素如何产生神奇的化学反应。

步步为营：解码男女之间的情感电路

我相信，一位男性从孩童时期到成年，这段时间里无论是亲身经历，通过文艺作品，抑或听身边的人讲述故事，都可以了解到超过 100 对男女之间感情的发展历程。

在这些信息中我们会发现，男女发展出一段情感关系，不管需要多长时间，始终会有那么几个相类似的环节：他们会在某个机遇中相识，在这之前或多或少地对彼此有一些印象，至少看过一两眼。接着，他们保持联系，共同经历了一些事情，这些经历让两人的感情升温，开始变得亲密。当这种亲密累积到一定程度时，他们遇到了一些人或事，将这层窗户纸捅破，两人终于把彼此的关系定义为情感关系。

随着我从事情感咨询的经验不断增长，接收这方面的信息越来越多，我的思考也越来越深入，有一个明显的问题变得不能回避：在我读过的大多数文艺作品、理论资料中，对男人追求女人的讨论常常仅局限于整个过程中的一个剖面。数年前火爆的畅销书《男人来自金星，女人来自火星》，只从思维差异出发，谈论男女之间的沟通方式。《谜男方法》算是详细叙述了谜男对于两性关系进程的观点，但对男人们都关心的约会、互动和长期关系等问题，它基本草草带过，甚至避而不谈。

无数严谨的学术报告，通常只围绕一个现象展开讨论；一些人们口耳相传的"恋爱秘籍"，更是喜欢将偏方奉为至理。被这些海量的细碎信息包围着，男人们该如何真正了解两性关系的规律？

其实，如果用书呆子一点的归纳法，只要我们将常识中的两性关系作为样本，一件件拆分开来，提炼出它们重叠的部分，可以很容易得出一套两性关系从零开始到稳定维持的详细模板。产生这个想法后，我非常兴奋，马上开始联系每一个我认识的人，开始收集资料。我的职业经历为这件事提供了很大的便利，许多我不认识的情感专家、媒体人和来自各行业的资深从业者给我提供了积极的支持，甚至有几位远在美国印第安纳州的大学导师愿意牺牲好几个周末的时间，捧着枯燥的资料与我彻夜探讨。

经过对超过 1000 个事件采样的分析归纳，我们绘画出了这样一个"两性关系电路图"（见图1-2）。

最初我很惊讶，甚至很沮丧。这个结果似乎太简单了一点，简单得好像尽人皆知，简单得好像一句正确的废话。

但当我们深入去探讨这个框架时，会马上发现，两性关系真正复杂精妙之处，是分布在每一个环节中浩若繁星的细节。

第一印象直接决定了一段关系能否开始，人与人之间发生后续互动的基础都源于第一印象。

而随着互动的深入，人们因为认识、联系开始将对彼此的印象具体化，如果这个过程是积极的，那么两人的关系会不断升级。男人和女人经过约会互相了解彼此，同时，两人的身体接触让两人相互信任，产生舒适和默契。如果互动向着好的方向发展，两人之间的关系会由陌生变得熟悉，由熟悉变得亲密。反之，如果互动与升级关系的循环出现阻碍，两人的关系会停滞、倒退。

在最好的情况下，男女之间的关系会升级，会非常亲密地独处，进而

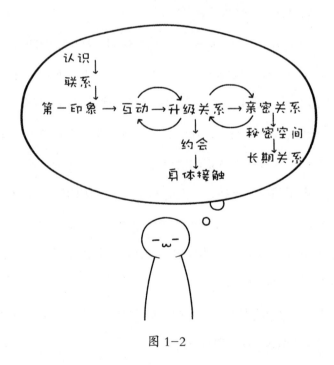

图 1-2

因性爱紧紧结合在一起。如果他们的关系继续升级，则会开始共同经营一段长期的亲密关系。

如果我们从吸引、可得性、投入度来看这个两性关系电路图，你会发现，"吸引力开关"在第一印象、认识、联系和约会的过程中不断为这段关系添加燃料，循环推进。

而可得性会在互动与升级关系的循环中维持两人吸引的平衡，也会在长期关系中提供信任与依赖。

由始至终，两人都在这一段关系的每一个环节中不断投入。在第一印象中，男女互相投入了注意力；在互动中，他们投入了时间和精力；在约会中，他们投入了信任和资源……

沿着这个情感线路推进，"吸引、可得性、投入度"这三要素会每时每刻指导我们该做什么、不该做什么。从一个环节推进到下一个环节，你都会找到方向，看清其中所蕴含的玄机。而打通这些关节，则需要你的勇气和努力。

据说，每个人一生能遇见 25000 个心仪的异性，平均下来，每年可以遇到好几百个，每天都有让人心动的一面之缘，但都走不到"认识"这一步。

即便结识了喜欢的女人，如何与她保持联系？如何约她出来？如何让她喜欢上你？到网上一搜，你能搜到几十亿个这样的问题。收到好人卡、困在友谊区、被当成猥琐男，都是因为他们被困在互动与升级关系的循环中，无法前进。

所以，这个规则其实并不简单。它的复杂之处和难点在于，你该如何一步一步打通关节，遇到每一个阻碍时没有被刷掉，最后在终点处抱得美人归。

　　这一切，也许曾经是一个晦涩的谜团，但从翻开这本书的那一秒开始，谜团正渐渐散开。

　　欢迎来到真实的世界。

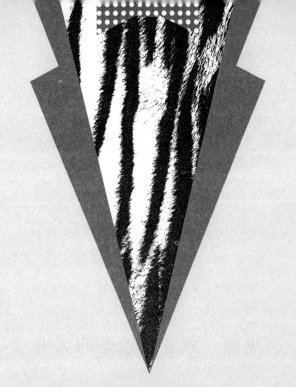

CHAPTER 02

斗士都有自己的全金属外壳

心能决定走多远，而外表决定能不能走到一起。

第一次见面，就要侵蚀她的灵魂

多数人在寻找解决情感问题的方法时就像在找武功秘籍，寻求招式、窍门，妄图一招纵横江湖。

说实话，这本书里不乏能让女人一秒倾心的招数技巧，但在一开始就往技巧上猛下功夫其实是在浪费时间。

从零到一最难。纵有屠龙之术，却无龙可屠，那还要秘籍作甚？所以，首先，你要找到一条"龙"。

男女交往，有80％的失败，都源于糟糕的第一印象。在互联网上有一些搜索频率很高的词条："女人对我爱理不理""她不接我电话""约不出来"，如果你能给她完美的第一印象，这些问题根本不会发生。

改善给女人的第一印象，是成为一位"野兽绅士"最好的开始，它能够为你避免很多潜在的麻烦。一个女人对你的第一印象早在你们认识前就已经在她脑海形成了，在她第一眼看到你时，会对你有一系列假设，这是很多行为学理论中所提及的"前沟通"。这些假设可以是正面的，也可以是负面的，在这个阶段，你完全有机会通过打造第一印象来增强吸引力。它可以被分解为三个元素：

1. 身份：社会价值的体现。

2. 外形：身材相貌、着装、个人护理。

3. 气场：肢体语言和情绪状态。

这三个因素在你开口说话之前就已经体现了一个男人的魅力。它们结合起来形成的第一印象，就如线性函数的起点，决定了女性和你沟通时最初的热度，本能地展示出你的雄性特征，奠定了你最初的"吸引力"。这是你与女人之间关系从无到有的起点，一定要慎重对待。

值得一提的是，第一印象不是一个有关"好与坏"的绝对概念，而是"比她的期望高多少"的相对概念。哪怕再有人格魅力，你所建立的第一印象要是在她眼里不达标，就完全没有机会展示自己"绅士"的一面，遑论其他令她心动的武功招式。

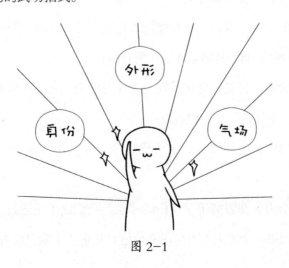

图 2-1

野兽绅士 高价值的身份是绅士的权杖

一切的吸引都是从身份开始的。身份是我们在所处的社会环境中所呈现出来的形象特征，对一个男人的魅力而言，它甚至比你的外表更加重要。

众多的社会特征构成了每个人社会价值的独特之处，就像标签一样，鲜明地表示出个人的身份。所有能把人与人区分开的社会特征都会对第一印象造成微妙的影响，其因素体现在两方面：

1. 生存价值：智慧、财富、权力、社交能力、可支配资源等。这一点与后文的"气场建设"息息相关。

2. 生活价值：生活模式、生活质量等。这一点与后文的"外形建设"息息相关。

任何一个男人都脱离不了身份的牵制，我们之前论述过，吸引力基于价值匹配，如果一个男人的身份没有价值，那他手上也就没有任何筹码了。

图 2-2

身份决定了一个男人的女性受众群体大小，在第一印象阶段，"如何更好地呈现有价值的身份"是一个必须认真对待的重要问题。

女人偏向以生存价值为基础选择男人

自从达尔文于 1859 年提出了进化论以后，人类学家发表了海量的研究文献，尝试从进化的角度解释人类的择偶行为。进化心理学家大卫·巴斯（David Buss）在其著作《欲望的演化》中把两性间的相互吸引归纳为"男女间对于生存价值和繁衍价值的追逐和交换"。

他把拥有财富、地位、智慧、情商等有助其更好地生存的人称为拥有高生存价值的人，因为这些特征有助于他们更好地适应生存环境。相对应之下，拥有精致的五官、健美的体型、健康的皮肤则显示出高繁衍价值，因为这些特征代表着更好的繁衍能力。

巴斯认为，在人类远古社会中，男性担当起了提供食物和保护的责任，提供生存资源；相反，女性则担当着生育和哺乳的责任，提供繁衍资源。

虽然在现代我们的生存和繁衍环境得到了极大的改善，食物已经不再罕有，更加不用担心会有猛兽出来伤害人，这大大弱化了男女在整个社会中的角色份额，但女人需要男人们提供生存资源的期望始终深深根植在基因里。

也许这可以解释为什么有时我们即便欣赏女性的人格魅力，也仍然难以抗拒天使脸孔和魔鬼身材。饿了就想吃东西，渴了就想喝水，这是本能。

但这是否意味着拥有财富和地位便可获得女人的青睐，同时永享幸福快乐的日子？

不一定。

财富与地位不能绝对代表生存价值

放眼财富和社会地位的拥有者们，富商、演艺明星、政客……不乏在感情上以失败告终的案例。

想象一下，如果一位当红一线女星说一句："只要开法拉利就能跟我交往。"等着接她吃饭的法拉利车长龙能从北京的东四环排到西四环。在美女面前，有钱的男人其实永远不缺。

所以，除非我们刻意放低对女性的标准，不然很难单靠财富和地位去吸引女人。

女人会观察男人的行为，并在此基础上去衡量男人是否具备足够的生存价值，其中包括：上进心、真诚、幽默有趣、慷慨、同情心、礼貌……这些品质上的特征会比资源上的特征更容易潜在地影响男人给女人的第一印象。

从进化心理学的角度分析，这些品质特征能够帮助下一代更好地和周边人相处，获得更多帮助，而且还能保证长期的生存优势。在很多电影中，女主角会跟有钱人结婚，但更容易对具有如上特征的男人一见钟情，甚至与他偷情生孩子，然后让有权有势的老公抚养，这类剧情正是这一现实情况在艺术作品中的映射。

生活价值是生存价值的升华

一个人可以很有钱，但是生活质量不高，比如花太长时间工作，不懂得找乐子，性格孤僻，没有朋友……这些因素都会降低他的魅力。

很多人误以为单纯的物质资源等同于生存价值的全部。诚然，出于本能的选择，物质资源是对女性最重要的吸引力之一，但更重要的一个问题是该如何把物质资源转化成为生活资源。

很多男人拥有丰厚的物质资源，但却不懂得该如何有效地把物质资源转化成有质量的生活。在女性看来，生活的价值在于，通过与你结合，女性是否有希望提升现有的生活质量？她与你的后代呢？

这是人之常情，在满足了基本的生存需求时，追求更高质量的生活是必然的选择。可以说，生活价值是生存价值的一种升华。而学习建设外形的技巧会大幅提升你生活价值的显现度，后文有详细的分析，在此不作赘述。

社交认证：利用身份大幅提升吸引力的秘诀

"社交认证"这一概念最早在《影响力》这本书中出现，它指的是这么一个过程：一个人的正面特质不断在社交环境中被客观因素衬托、强化，以至他人能明显感受到他拥有很好的资源和地位。社交认证是男性在第一印象中拥有身份的强烈信号，能够非常高效地产生异性吸引力。

我们可以从短期和长期两个方面来理解"社交认证"。

短期社交认证，由进入某个社交场所后发生的即时事件促成。每个独立的事件都能够证明你的身份，比如说你呼朋引伴，带着最漂亮的女生一起行动，又如走进一家高级餐厅时，服务员和经理都主动跟你打招呼。

长期的社交认证来自名声、个人成就、家族血统等长时间积累出的个人特质。这些特质通常会快速在一个社交环境内传开，众人皆晓，并且成为独特的个人品牌，通过口耳相传在社交现场迅速地传递出个人身份。

在这里试举一个例子来说明"社交认证"的作用：如果今晚要到酒吧去小酌一杯，身旁陪伴着你的是一位维多利亚的秘密的内衣模特，那你将会受到酒吧里所有人的仰视——大家会认为你是很有社会地位的人。因为按照常理来说，只有最有身份的男人才有可能与受世界瞩目的女孩交往，她的价值会给予你最强大的社交认证，哪怕你只是个无名小卒。在这种情况下，酒吧里的经理、服务员、辣妹都会主动来与你结识，因为你成了社交价值的提供方，与你结识也是他们的社交认证，俗话叫"长脸了"。我们把这种通过跟高价值女性交往所带来的效果称为"预选"，是社交认证的一种技巧，这在后面的章节会有详细的应用分析。

与以上的例子相反，如果你今晚跟一大群左顾右盼的矬男一起扎堆去酒吧，无论你穿多帅，贴多少张人民币在脸上，在场的女人都会把你划分到"怪叔叔"的人群中去，并会认为你们出现在酒吧不但带有很强的目的性，而且还有威胁性，她们会拒绝与你们结识。因为按常理来说，有身份的男人时刻都会受到女生的围绕，拥有最多的繁衍机会；而聚集在一起的男人则像一群饿狼，会吓跑所有女生，更不要说建立联系。

请注意，社交认证未必是真实的，它只是人们解读他人身份的一种强有力证据。但是，如果这种认同与你的主要特征不相符，久而久之，这种社交认证就会很难维持，因为你是装出来的。

无论男女，我们都会无意识地寻找人们身上的价值信号。本能会驱使我们去和有价值的人建立联系，跟他们结交，从而提高我们的生存和繁衍概率。社交认证就是高价值人群才拥有的特殊社交信号。社交认证的概念对女人来说尤为重要，繁衍价值可以用肉眼一秒钟辨别出来，生存价值却没那么显性，所以女人的本能会驱使她花更长的时间去判断一个男人的内在价值，社交认证给了女人一个更好的参考标准，用以排除掉那些低价值男人。社交认证能产生一种"你看，大家都喜欢他，所以我也喜欢他"的效果。

一个男人获得社交认证的例子

• 其他人喜欢主动与他交流；

• 他和有身份的人来往；

• 他享有与众不同的待遇；

• 他身边围绕着美女；

• 他的语言和行为更容易赢得注意。

一个男人缺乏社交认证的例子

• 他总一个人孤单地坐在角落；

• 他的语言和行为没有人回应；

- 他总照着别人的指示行事；

- 他总主动寻求别人的关注；

- 他总跟一群不出色的人在一起；

- 他没有女性朋友。

在不同的环境里，有不同的技巧能够获得社交认证。但有一个前提：必须照顾好整个社交环境的互动氛围，才能有小的互动。

学校

在学校里，如果你和老师关系好，又认识很多同学，并且很多人都主动和你打招呼，其他同学就会认为你在学校有一定的影响力，会更加愿意与你接近，你所呈现出来的状态也更可信。在女学生眼中，这样的男同学可是很有魅力的。

在中国的大学，学生会是一个非常好的社交认证获取渠道，所以才会有那么多人挤破头去竞选。

在大学中的文艺晚会，如果事先能与主办者建立好联系，可以自由出入后台、出入无须门票，这些便利都是很好的社交认证，会更容易吸引到晚会现场女同学的目光。

酒吧

酒吧的环境虽然纸醉金迷，但并不需要你随时扔一摞钞票来呼风唤雨，在关键时间能突出你的社交优势就已经足够了。譬如在进门和落座时有客户经理亲自招待；与工作人员关系融洽，不用你呼唤服务员就会主动帮忙擦杯子，这类行为虽然细碎，但会很大程度提高现场女性对你的好感。

这类效果其实很容易达到。你只需要在到店前多与经理电话沟通，让他对你产生印象，现场自然会对你多加关注。至于服务员，良好的态度是第一位的。人难免会有付费了自己就是上帝的心理暗示，酒吧服务员是最常忍受顾客恶劣情绪的一份职业。给予他们良好的尊重，他们也会以尊重来回报你。

小费也是一个绝妙的手段。我刚刚回国时还保持着付小费的习惯，虽然给得不多，每次顶多几十元人民币，但已经足够收买很多服务员的好感，甚至在服务别的女性时为我说好话。

北京的混音俱乐部（Mix Club）也许是全中国最大的酒吧，一年365天都要收取门票，由于我之前跟那边的大厅经理已经有一定交流（关键是，他每次发营销短信我都会耐心回复啦），所以每次我到门口时只需给经理一个电话，就可以直接免票进去。在门口排队的女生会对这样的优待非常敏感，这个社交认证帮助我认识过不少女生，而且超过一半是她们主动与我搭讪的。

餐厅

熟悉的餐厅比陌生的餐厅更能给予你社交认证。与从业人员保持良好关系，譬如服务员对你特别礼貌，对你的服务比其他桌的服务更多，更加体贴到位，这都会让旁人觉得你在享受贵宾待遇，自然而然她们也会期待和你认识。

与上文提到的对待酒吧经理和服务员的道理一样，友善、礼貌的态度能为你赢得尊重。我曾和北京的朋友们到一家印度餐厅吃饭，虽然从未去过，但那儿的服务员对我们的照顾明显比其他桌周到，邻桌的女孩非常不解，最后憋不住了，主动和我们搭话："为什么服务员会对你们那么好？"我告诉她："因为以前我也当过服务员。"

生活中也有无处不在的社交认证，微博身份加"V"、与明星合影等，都能为你的第一印象大幅加分。

野兽绅士 武装到牙齿吧，野兽绅士

男人的外表是一本说明书

外表是很多男人不愿意作改变的重灾区。尤其在中国，"男人弄那么好看有什么用"的论调一直在民间有众多拥护者，其实在人类行为的研究成果中，很多事实已经对这一观点提出了有力的反驳。

牛津大学动物学专家马特·里德利（Matt Ridley）在其著作《红色皇后》中提出了著名的"孔雀理论"：在求偶过程中，雄性以外形吸引雌性的过程，是几乎所有动物都具备的本能之一。最明显也最为人熟知的，就是孔雀。开屏的都是雄孔雀，谁的羽毛漂亮，谁就有更多交配的机会，反之则遭到淘汰。在许多低等生物中，雄性的"美丽程度"与"生殖能力"基本是画等号的。这也是我在开篇就强调男人"野兽"一面的原因。越复杂的动物，在"外形"

上赋予的意义就越多。对人类来说,"外形"这一点中蕴含了巨大的信息量。

审美

独特的审美可以让一个男人脱颖而出。而如果这种审美是"先进"的(某种意义上可以理解为"时尚"),那么这个男人会被理解为拥有更好的基因、智力、受教育水平和社会地位,和他来往将有机会提高女性及其下一代的生活品质,与前文所述"生活价值"相匹配,这是非常重要的男性魅力体现。

正面的自我暗示

很容易理解,穿新衣服出门谁都开心。在外形保持更佳的状态时,你的个人情绪也会提高到更佳的状态(不仅是"开心",比如在尝试新鲜造型时,你也会打心底想"我今天真酷")。这会传达出一种积极的信息,能让未曾相识的女性着迷。

抗压性

更好的外形状态往往意味着会更受人瞩目,很多男人没有办法好好打扮自己的原因,往往是害怕"别人会怎么看",简言之,就是"别扭"。但是,你要学会抵抗这种不适感,因为能做到在他人注视的目光中游刃有余,其实是一种很强烈的个人魅力。

传递"搭讪邀请"

这里所说的"搭讪邀请",指的是你在外形上的投入,会传递出"我乐意与人交流"的信息,无形中就会吸引异性与你搭讪。人天生就会觉得穿着打扮优秀的人更容易交往，糟糕邋遢的人说不定很难搞。更好的外形，也更容易获得异性的"搭讪邀请"，这一点我们后文会详细讨论。

另外值得一提的是，要学会利用你的一些小饰品，和异性形成"道具锁定"。比如她觉得你的帽子很好玩，于是借过去戴在自己头上，这样你们因为这一件小道具就能产生联系感。而类似这种小技巧，会不断穿插在我们之后的内容中。

第一眼赢得女性好感的造型三要素

这不是一本时尚手册，本章内容主要针对提升男性魅力，提供在第一印象形成时可赢得女性好感的男性外形参考，如果你有进一步提升的需要，建议投入更多精力去参考专业的男性时尚类资讯。

优化外形的核心意义在于让你的生活价值在人群中脱颖而出。优化外形并不只是装饰的堆叠，如果外形的修饰并不恰当，很容易令他人产生不适感，反而弄巧成拙。因此，我们总结出了在两性吸引中具有指导意义的三个最核心的造型要素。

主流审美

没错，现代人越来越追求个性的审美，很多人都有自己独特的偏好。但是，从普遍意义上来说，小众的审美会导致你的女性受众面过于狭窄。

比如，吊裆裤＋棒球帽的嘻哈装扮很可能会让白领女性觉得幼稚，而打扮得像《007》詹姆斯·邦德的男性，既可以吸引到白领丽人，也会受"嘻哈辣妹"的青睐。

所以，请先将你那颗急着靠奇装异服搏出位的心收一收，先参考一下金城武、吴彦祖这些大众情人们是怎么穿的，直至你能熟练驾驭自己的风格，再尝试突破也不迟。

时尚感

上文我们有提到，独特的审美可以让你从大众中脱颖而出。如果这种审美是时尚的，那么将会传达出这个人拥有良好基因的潜在信息。

抛开这些复杂的社会心理，如果你仅仅是符合主流审美，而没有脱颖而出的话，异性将很难发现你的存在。时尚感与创意是一个男人刷存在感的利器。

"时尚"这个命题太过庞大，很容易泛泛而谈。对你有价值的建议是，时尚感并不是一蹴而就的，它是一种生活习惯。我建议你长期订阅一两份男性时尚杂志，比如《GQ》《时尚先生》，它们会告诉你一些相关知识，而且会教给你具备初步美感的装扮方式，在下文我们会详细讲解。

创意并不等于古怪。我们比较提倡在细节上体现创意，比如独特的纽扣缝线和一些别致的腕表、口袋方巾、袖扣等等。

精英元素

谁都知道，运动服比西服套装更方便动作，但为什么《瞒天过海》《007》这类好莱坞动作片里，男主角都会穿着紧身西服套装追逐打斗？很明显，因为他们穿运动服打的话你们就不会去买票了，因为一点也不酷炫。导演希望靠这样的穿着，表达出主角的"精英"性。戴着主角光环的人都有自己特定的穿着原则，这些特质是大部分路人所不具备的。这里体现了前文提过的"生存价值"属性，女性会通过某些外形特征来筛选资源丰富的精英男性进行交往。如果你有兴趣了解更多，推荐阅读《精子战争》。

在优化外形初期时，我们可以简化地将"精英元素"理解为：服饰的质地和裁剪，比款型重要；整体干净利落，比设计感重要；时尚感，比舒适保暖重要。

着装基础建议

衣着的关键，在于合身

为什么煤老板花那么多钱买贵衣服，还会被人嘲笑土？其实衣服的价钱和上身效果并不是绝对成正比的。甚至长相，都很大程度上受穿着的影响。

穿不合身的衣服，长得再帅照样一秒钟变土鳖。所以，从现在起，了解自己的尺寸，找一把软尺，把自己的胸围、腰围、臀围、裤长这些关键

图 2-3

数值都记录下来。如果实在不会，可以出门找个裁缝店的师傅给你量。衣服合身是改变形象的第一步。

发型是型男的灵魂

男人50%的性感都体现在发型上，不同的发型可以直接区分土鳖和高帅富。

前面提到，干净利落比设计感重要。大多女性不认可脏兮兮的造型，所以有一个普适的原则：前不遮眉，后不盖领，三周一剪。

如果你平时是个在外表上大大咧咧的男人，按照这个原则可以马上大翻身。在此基础上，如果坚持每天洗头、定时修剪，更会让你精神百倍。

如果你一下子找不到最适合自己的发型也没关系。参考一下时尚杂志上的模特儿，脸型差不多的，挑几张照片，找一家像样点的发型屋给发型师参考，交由专业人士搞定。友情提醒：如果这家店的发型师猛烈地向你推销会员卡，那么这一定是一家烂店，赶紧换。

如果你不大会打理头发，记得向发型师咨询意见，记住你的发型应该

图 2-4

怎么打理。家中需要常备的是发蜡（或者发泥）、定型喷雾。发蜡、发泥可以造型，但是并不持久，所以需要用定型喷雾让你多帅几个小时，记住别买味道太重的就好。

什么是搭配？

我以前的学员问过最多的问题就是他们总觉得自己花大价钱买了很多衣服以后，穿起来却乱七八糟。

很多人误以为花很多钱在买衣服上，就能让自己穿得好看。其实你花的钱和打扮出来的效果并不是完全成正比的。我不建议你一夜间把衣柜的衣服全部换掉，培养时尚感是一个漫长的过程，你的外形会随着审美的提升而改变。随着这方面的进步，你衣橱里的旧衣服自然会被不断提升的品位渐渐淘汰。

在刚刚开始打扮自己的时候，拥有一两件特别亮眼的单品，颜色呼应一致，组合起来就可以叫作搭配！

比如 T 恤上的色块和皮鞋的颜色一致；袖扣、表带和领带的颜色一致……

稍微注意一下，让自己身上穿的颜色有一定程度上的统一，就可以形成简单的搭配。如果你不想太过费心，按照这个原则就可以了，至少不会出丑。

穿搭这个命题太大，如果真的想在搭配上出彩，还是花点时间抱抱时尚杂志的大腿为妙。比如《智族》（GQ）就有一个常规板块，是让模特示范一些当季的搭配，里面所用的服饰都比较基础，你只要照着图例的样子穿就可以了。

基本搭配建议

这里列举一些男人衣橱里应有的基本单品作为建议：

图 2-5　纯色套头 V 领针织衫

这样一件针织衫，春天夏天都可以穿，里面可以配衬衫，也可以配 T 恤。下身穿西裤、卡其裤、牛仔裤都没问题。外套可以是妥帖的西服，也可以是夹克，拉链帽衫都可以。冬天的时候，外面还可以直接套一件风衣。实在太百搭。如果你选不好颜色，灰色、藏蓝色、驼色大部分时候都错不了。

图 2-6　两粒扣的修身西服外套

如果你要买第一件西服外套，建议是灰色或者藏蓝色，因为黑色穿不好很容易变成奔丧，亮灿灿的颜色则会被人误以为你是唱二人转的。建议最好是两粒扣、修身剪裁，尤其需要注意袖长和衣长。如果尺码刚好，长度不对，店里通常都能帮你改。或者你可以像我一样，找个合适的裁缝定做。

图 2-7　纯色 / 细格修身衬衫

衬衫和西服外套一样，合身非常重要，所以尤其推荐修身款的衬衣。大方格法兰绒衬衫现在已经在各大社交网站上被女孩子们嘲笑得一点尊严都没有了，所以估计你也意识到事态的严重性了，如果你衣橱里还有，烧了它吧。皱巴巴的衬衫也是很大的问题，如果你真的懒得烫，洗好了就挂起来吧。衣橱里多备几件衬衫是好事。

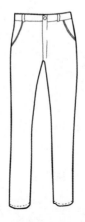

图 2-8　修身原色牛仔裤

修身的无水洗牛仔裤非常容易搭配，穿什么衣服都可以，穿什么鞋子都可以，所以你衣橱里一定要有。不要害怕自己腿粗，一定要买修身的。另外，成衣牛仔裤通常都会做得比较长，所以，试穿完后，可以在店里要求修改裤长，长度以刚好能盖过鞋子的第二个鞋带口为佳。

图 2-9　呢子大衣

呢子大衣冬天一套上就能出门，非常方便，合身的大衣会让你看起来非常挺拔。而且呢子面料挂起来就不会皱，简直省心到极点，你值得拥有。

图 2-10　小牛皮鞋

系带的牛津鞋、德比鞋，一套就套上去的乐福鞋，穿起来非常方便，能穿短裤，也能穿牛仔裤，西裤什么的就更不在话下。如果你有狂野的心，一双沙漠靴足够体现你的情怀。

上面列举这六样东西，如果你的衣橱里还没有齐全，那说明你平时的造型真的很无聊、单调，甚至幼稚，所以赶快买买买吧。这些东西优衣库、H&M之类的服装店里都有的卖，很容易买到。上文提到的单品之间的任意组合，都可以成为简洁有型的搭配。不过不要忘了前面说过的，关键在合身！

配饰基本建议

配饰是前文所说"时尚感与创意"的最佳体现处，在这上面搞心机最不容易出错，也最容易产生效果。

男人的配饰，最好搞定的是腕表、皮带、领带（领结）、口袋方巾和墨镜。

腕表水很深，如果你预算不多，一块基本的钢制机械表就可以满足需求；而表带，我更推荐黑色或棕色的皮质表带，钢制表带有点太过严肃，而佩戴皮质表带在任何场合几乎可以适应大部分着装风格。

挑选领带和领结也有很多讲究，最简单的，我推荐纯色的针织领带和领结，非常容易搭配。

皮带建议越简洁越好，编织的、花样图案的、大Logo皮带扣的，还是塞进箱底吧，这些东西，很容易把你身材裁成两半，如果不是衣架子，简直是自取其辱。如果你觉得自己个子太矮，背带也是聪明的选择。对了，记得和皮鞋保持一致啊。

墨镜也是越简洁越好。简单一张图就能说明白。黑色、琥珀色的镜架就足够你要帅了。

图2-11

如果你不是迈克尔·杰克逊，请不要穿白袜子，也请不要穿带商标的袜子。穿皮鞋的时候，请保证袜子长度能盖住小腿，坐下的时候不让腿毛露出来。

最后，有型是首要的，舒适是次要的。别再拿不舒服来当借口了，除非你不想变帅。

个人护理基础建议

请问，你们觉得在街上看到那些辣得让人走不动路的女孩子每天会在"漂亮"这件事上投资多少时间？她们除了基础的护肤化妆挑衣服以外，还要做面膜、做发膜、做腿膜、修指甲、修眉毛、养睫毛、养嘴唇、养脖子、除眼袋、除鸡皮、减脂、睡美容觉……

就是这么麻烦，才能换到你在街上回头多看她一眼。

想和美女做朋友，你也必须和她们一样在外表上投资时间。而本书中提到的护理基础，每天顶多需要你投资十分钟，就能做个干净的阳光美男了。如果你有需要往深度了解个人护理知识却不知从何开始，下文的建议能为你打下良好的基础。

基础面部护肤三步：清洁、调理、滋润

单就护肤来说，我们也可以一张图说明：

我们经常嘲笑社交网站上的虚荣女孩用软件在照片上磨皮来把自己皮肤弄好一点。其实，保持良好的护肤习惯，你也可以长期保持磨皮效果。

图 2-12

简单来说，护肤可以分为清洁、调理、滋润这三步。请在早上起床时和晚间睡觉前坚持完成它，两三个月后，你会发现皮肤有明显的改善。

清洁：洁面乳、洗脸皂等。

简单的面部清洁就是用洁面乳之类的洗干净脸。这一步很重要，需要认真对待，尤其是出油最多、毛孔最粗糙的鼻子两侧。另外，下巴到脖子这一块也经常被忽略，一定要注重清洁。如果嫌麻烦，最好在洗澡的时候把脸一并洗了。我知道一开始会觉得很烦很无聊，我最初的几天都要开始背《金刚经》来平复心情了，但是看见镜子里的自己越来越干净，你会体会到洗脸之中的禅意。这件事坚持几个礼拜以后会发现惊喜的，相信我。

调理：爽肤水。

洗完脸紧绷绷的感觉，是因为洁面用品所带的碱性所致，这时候爽肤水里的水杨酸就要起作用了。爽肤水的主要功能是调和皮肤酸碱度，让皮肤更容易得到滋润。倒一点点爽肤水到掌心，然后双手抹匀，轻拍到脸和脖子上，这个过程也能给自己很积极的心理暗示，暗示着你的外形正在慢慢地变好。

滋润：面霜、润肤乳。

对男生来说滋润就是补水。如果再想加强功效就交给精华液吧。挑个补水功能好的面霜、润肤乳之类的就好。记得别漏掉脖子。

以上是最基础的护肤三步骤，另外的加分项有：眼霜、精华液、面膜或者对自己的头发也好一点。相比起女人来，我们男人还真的算得上是幸运，三步完成就能帅气地出门了。

唇齿护理

我们中国人在交流的时候，一直直视别人的眼睛会显得很冒犯，所以聊着聊着，目光通常会落在嘴上。如果对方嘴唇发黑，上面还布满裂痕和角质，牙齿黄一块黑一块，牙缝里还有牙垢，估计你也没什么心情交流。这么说起来，嘴唇干裂的确是很不礼貌的一种行为。保养好唇齿，会让女人更有亲吻你的冲动。

为了保护好嘴唇，常备一管润唇膏是必要的。每天出门前、临睡前、洗完澡后，记得给你的嘴唇补补水。如果你生活在像北京这么干燥的地方，记得随身带着，别让嘴唇干到裂了才想起它。

保护牙齿真没有很多医院说的那么玄乎，他们那些宣传是为了把护牙疗程卖得贵一点。保护牙齿最关键的其实就是认真刷牙。随便一下就把牙给刷完的人，一年去洗几次牙都不管用，不到一个月你牙垢就长出来了。

一年去洗一次牙，能够帮你清除掉一些死角里沉积的污垢。医生会推荐你用牙线，好好听他的。如果觉得牙齿太黄的话，可以考虑去做一下冷光美白。牙齿变好了很多以后，使用招牌性的微笑时，你会发出星星一样的光。

另外，戒烟也能很有效地保护牙齿，我知道很困难，所以也别太勉强自己。我的一个朋友在 2013 年的时候把抽了十几年的烟戒了，女孩子们都觉得这件事很酷。

疤痕暗疮

天生皮肤就好的人本来就很少，毕竟不是每个人都那么幸运，青春期不会处理痘痘，成年后不重视保养，总会或多或少令皮肤有点瑕疵。虽说靠养护能解决大部分的问题，但是如果今天下午就要出门聚会，远水救不了近火的时候，一些小把戏就能解决临时问题。

那就是遮瑕膏和 BB 霜啦。各大超市都有卖，直接买女性用的就可以，导购会帮助你找到适合你肤色的遮瑕膏和 BB 霜。

但是如果你有严重的痘印、暗疮，建议你还是找专业医生解决吧。

眉毛和胡须

我问过很多女孩子，一个男人看起来脏兮兮的关键问题在哪儿？她们的答案跟约好了一样："毛神！"

而很多男人给我的回应却是："没点儿毛还叫男人吗？"

男女之间审美的差异就这么大。

出于整洁的需要，我建议你修眉毛、刮胡子，这一点都不娘，剃须刀、修眉刀等工具可以轻松在网上买到，再懒一些，理发店也可以帮你修剪。我敢肯定你看《大话西游》里至尊宝刮完脸以后第一反应是："天啊好帅！"相信我，女人们也是一样。

手脚指甲

注意，是手脚。这是女人绝对不会忽视的细节。

记住，留指甲是十分邋遢的表现。如果你留指甲，请现在就剪掉！然后，用指甲锉子，把它的边角打磨光滑。看，你现在是不是拥有了一双艺术家一样修长干净的手？

女人们比我们敏感得多，看到脏脏的指甲能让她对你的印象直线坠机。所以，定期清理指甲吧，常洗手、勤修剪，若想要更好的体验，也可以去美甲店。

口臭与体味

口臭与体味是个人形象的头号杀手。

味道可以让她神魂颠倒，也可以让她夺路而逃。嗅觉是五感之中记忆留存最长的感觉，女人也许会因为味道记住你一辈子。我们都要知道的是，口臭、汗臭、狐臭绝对不是什么男人味儿。

克服口臭最有效的方式是好好刷牙和勤喝水。

以前我老说"大众情人不能没有水"，是因为我深知多喝水的重要性。另外，常备一些口气清新剂和薄荷糖也不错。如果常年口气重，还是得去看看医生。

对付体味，有的人会喷味道很浓重的香水、古龙水来遮盖，这其实是错误的。混杂着香水味的汗臭其实更恶心。

正确的方式是在洗完澡以后往身上喷一些止汗露或者是香氛。最重要的是洗澡得认真勤快，随随便便冲一下的话，身上的味道是不会好闻的。衣服也得勤换，臭味通常都是从脏衣服上飘出来的。

至此，你的第一课就结束了。优化外形是一项可以终身受益的投资，也是吸引女性的第一步，值得你持之以恒地认真对待。

野兽绅士 气场，决定你宇宙的疆界

气场展现了你的内在世界，气场是一个人的小宇宙。

气场是附加在你个人性格上的情绪基调，不仅显现在第一印象中，它还会贯穿你与女性交往的整个过程，微妙地调整你留给她的印象。

在英文语境中，很多约会专家把气场理解为"Vibe"（气氛氛围），它代表一种对共鸣、氛围的感应。散发出正面特质的气场是生存价值、生活价值双高的体现，反之亦然。感应是能够传染的，所以强大的气场（不管是正面还是负面）能够对周围人的情绪产生巨大影响，所以女性能很迅速地在人群中发现正面气场的男性，并且对他特加青睐。

外显的气场以肢体语言为主，肢体语言是在第一印象中权重非常高的气质表现因素。

由内而外影响一个男人气场的，是他的核心价值观，以及他当下的情绪状态。这两者构成了男人对外界的态度,时时刻刻地左右着你的外形状态、肢体语言和表情,甚至会左右你的性格和人生。

　　幸运的是,影响气场的每一个因素,都可以在后天往积极的方向培养。早一天开始关注自己的气场,在男女这场追逐游戏中,你就多一分胜算。

　　本节会从四个方面去解析影响男人气场的因素:

　　• 肢体语言;

　　• 笑容;

　　• 自信;

　　• 情绪控制和感染力。

　　你可以从这四个方面去挖掘自己的潜力,培养良好的行为习惯。我相信,每个男人都可以通过磨炼获得强大的气场,至少,我自己就是这样走来的一个男人。

图 2-13

肢体语言：用"绅士"的方式激发"本能"吸引

在计算机普及初期，计算机工程师通过 DOS 系统来操纵电脑，再往前的计算机语言只有 0 和 1，外行人看起来会感觉非常神秘。你可能不知道，其实我们身边每个人都在使用秘密语言进行沟通。

秘密语言不止一种，肢体语言便是其中一种。如果你懂得这种语言，你将轻而易举赢得女人心。

人类的感知能力非常强大，我们先天就可以解读一些身边人无意间露出来的信号。

这就是我将要谈及的肢体语言。

人类天生就用肢体语言进行潜沟通

在 1967 年，美国加州大学洛杉矶分校（UCLA）的心理学家艾伯特·梅拉比安（Albert Mehrabian）教授曾经针对人类的情绪和态度这两个主题做过一系列的研究，并将成果分别在《个性与社会心理学杂志》和《顾问与临床心理学杂志》发表。这两份研究报告得出一个简单的结论：在情绪和态度的交流中，语言内容只占了整体沟通中的 7%，而非语言的沟通却占了剩下的 93%。在这 93% 当中，语气占了其中的 38%，肢体语言独占剩下的 55%。这也就是被外界经常引用的 7/38/55 定律。

当然，从严格意义上来说，这个结论会随着情境的不同存在出入，但它给出了一个很好的视角让我们重新思考人与人之间的沟通，拥有敏锐社交直觉的人能够通过别人的肢体语言来获取大量有价值的信息。

这在生物界已经是很明显的事实。

黑暗里的蜜蜂跳起独特的舞蹈，把食物的距离、方向等信息传达给蜂箱里的伙伴们；狼群里的头狼借用一些信号来宣示领导地位，其他的狼接收后做出表示服从的动作。

不同种类的动物之间的交流显得更加不可思议。

深海里有一种鱼扮演着清洁工的角色。一旦大鱼游近"清理区"，作为"清洁工"的小鱼就开始做一系列动作，让大鱼停下来，张开嘴，保持静止。小鱼就进入大鱼嘴里，帮它们清理嘴里的寄生虫。

这种交流即使是人工喂养的鱼都可以完成，因此我们可以推测出它是先天遗传下来的。

人类借助于语言可以表达出与他的真实想法相反的信息，但肢体语言传递出来的信息是不会骗人的。美剧《别对我撒谎》讲的就是心理学家通过分析肢体动作与个性之间的匹配模式，来协助 FBI 破解案件。

人类跟其他动物类似，也拥有一种高效的、原始的、与生俱来的肢体语言模式。男人们根本没有发现它的存在，但女人对这种语言的运用已经出神入化。

人们常说女人像猫，男人像狗，每次人类主动跟猫交朋友，从没有成功的案例，似乎猫天生就无视你的示好。

一次朋友送了只猫来，我突发奇想，不靠近猫身边也不去抚摸它，甚至都不看它一眼，彻底地忽视猫的存在。没想到它很快跑了过来，用身体蹭我，像是撒娇的样子，我差点忍不住把它抱起来。但是我没有那样做，继续假装看不见它的存在。

接着猫跳上我的膝盖，我温柔地推开它。几次之后，那只猫就再也不愿离开我，走到哪里都要跟着。我做事的时候，它就歪着脑袋在一旁看。

此后只要我碰上陌生的猫，就假装看不见它，等待它靠近我就推开它几次。猫随后就会缠住我，叫个没完。我想这就是猫的语言。

女人理解猫的程度超过我的想象。我把我的发现告诉了一个女人，她只是点点头说："这个当然啦！"她还会跟我解释，到底猫的什么思维引发了这种行为。不用感觉到奇怪，因为吸引女人的肢体语言，与此如出一辙。

利用肢体语言让女人对你一见倾心

欧洲早期有一种吃饭的方法，我们可以称之为欧陆风格。左手持刀，叉子放在右侧边，靠近面部的下方，不要换手。这种方式看起来毫无特别之处，但是作为流传了数百年的进餐方法，我们还是要分析一下它存在的原因。

最初，有一位统治者习惯这种进餐方式，他决定把这种方法推广下去。他身边的人纷纷效仿，以保住其社会层次与地位，而其他人看到这种进餐方法，会感觉很怪异，他们从不这样吃。

于是，这种进餐方法成为一种显而易见的标志，用以区别人们的社会地位。社会地位及背景，就由"持刀叉"这个动作语言表达出来。后来一些人为了暗示自己是身份尊贵、地位高的人，依然坚持这种用餐方法。

这种肢体语言在我们身边还有很多，传达着我们听不见的信息。

商界和政界中的精英分子，在倒酒时都是手持酒瓶的颈部，而不是盛酒的瓶腹。他们通过微妙的行为彰显个性，把自己和普通人区分开来。

不必认为模仿这种行为的人就是傲慢自大的势利小人，存在几千年的现象自然有存在的价值。何况我们的生活之中，此类隐秘的交流方式无处不在，很多组织和阶层，都是用这样的肢体语言进行交流。

肢体语言是判断你的身份、形象和实际是否一致的关键性细节。比起别人对你的态度、你穿的衣服，女人更相信自己观察到的细微信息。他们会通过这些细节去衡量你最真实的一面，看看你是真正有价值的男人，还只是虚有其表的人。

肢体语言之所以隐秘，是因为掌握它的人并不多。你需要用地质工作者的态度去挖掘它、抓住它、辨别它、理解它。等你掌握了肢体语言，就可以用同样的方式来传递信息，发送出超强的吸引力信号。

好的肢体语言应该是自信的、放松的；不好的身体语言是紧张的、缺乏安全感的。

一些正面的肢体语言

• 下巴和头部微微上扬；

• 背部挺直，肩膀放松地向后靠；

• 动作稳定，不慌不忙；

• 两臂放松，自然地垂在身体的两侧；

• 身体坐姿舒展，不会总是保持警惕；

• 坐定时占据更多的空间，并显得很舒适。

一些负面的肢体语言

• 身体前倾；

• 低着头，站不直；

• 小动作，比如挠头、摸脸；

• 与人说话时手臂交叉；

- 坐的时候抖腿，或把脚把腿蜷缩到椅子下面；

- 一惊一乍的手势；

- 坐立不安；

- 左顾右盼，显示出对环境的陌生。

在日常生活中，你可以从一点一滴做起来改善自己的肢体语言，让自己看起来更优雅迷人。有一些很实用的建议，能使改变马上生效：

- 面对镜子，侧身过来，看看你在放松的状态下是否下颚会前倾，是的话，改正；

- 放松全身，背贴着墙，让你的后脑、后背与臀部都接触到墙壁，记住这个姿势，能保证在放松时抬头挺胸；

- 走路时让双脚与双肩保持差不多的宽度；

- 两手自然下垂，放松手掌，不伸开也不握拳。在站立或行走时保持这样的状态。

相比后天学会的肢体动作，天生的身体反应可以说是最强有力的气场体现。例如当一个人对某事物的兴趣越高，他的瞳孔就会放得越大。除此之外，舔舐嘴唇、涨红脸庞、微笑、皱眉，也都表达了相应的意义。

俄罗斯的心理学家还发现，瞳孔放大的人，会对其他人产生更大的吸引力。我们可能从来没有注意过，但是先天的肢体语言的确深植于我们的体内。

很多电影演员不但深刻理解这个概念，甚至可以控制先天的肢体语言，传达出自己的自信与魅力，从而在银幕上对女人产生难以置信的吸引力。

《猩球崛起》里面有个镜头，主角在逃出动物园之前扫视了其他猩猩一眼，从此确立了自己的统治地位。跟其他动物一样，人类也可以通过调整自己，通过目光接触表达出很多意思，例如统治感的建立，表露对某项事物的兴趣。在之后的章节中将会谈到，调整自己的情绪状态和沟通技巧能有效帮助你通过眼神传递正面的信息。

我小时候经常玩一个游戏，就是跟别的小朋友对视，看看谁能保持得更加长久。一般那些可以对视很久的小伙伴，在人群中会获得领导的地位。《007》系列电影里，詹姆斯·邦德永远都是女人追逐的对象，你观察他与女人的目光接触就会明白。如果你比她们保持更久的目光接触，对女人来说会具有无法阻挡的吸引力。如果你看到一个漂亮的女人盯着你看时，选择避开视线，并认为这是羞怯的美，那就大错特错了。高效交流的方式是与她对视而没有不自在的感觉，你要让她知道你也在注视着她，并且对自己充满自信。

笑容——你的魅力涡轮增压器

"Tango，笑笑！"

在和谜男一起生活的时候，这是他跟我重复得最多的一句话。虽然那已经是多年前的事情，但他这句话对我的影响延续至今。可以这么说，笑容是我学到过的最厉害的泡妞技巧。

没有之一！

那时候，我对这句话还难以理解。像布拉德·皮特、基努·里维斯这种电影里的万人迷不是都一脸酷酷的吗？为什么你却让我嬉皮笑脸？随着年龄不断增长，积累的社交经验越来越多，我对这个疑问最终有了答案。

很简单！想想看，如果一个面无表情的陌生人在向你靠近，你会产生什么想法？

首先，我们完全不知道这个陌生人到底是什么来路。我们无法猜测他的意图，因为我们没有任何经验可供参考。不但如此，他还不带任何表情，我们只能下意识地认为：他来意不善。

这种本能反应可以保护我们不被陌生人伤害。对女人来说，这道理也是一样的，她还不知道你是什么人，你绷着张脸，她怎么可能对你有好感？

你需要笑！

首先，喜欢笑的人往往心理状况更加健康。其次，他们在生活上往往有更丰富的资源、更顺畅的人生，这对女人来说是一种富含生活价值的提示。

在社交场合，你不但需要显示出你的友善，有时候更需要把"笑容"人为放大。你一定不希望女人们误会你是来杀人放火的，你希望她们知道——你性格很好。

当然，你也不能像刚被烤熟的猪头一样傻笑，这样女人们会觉得你是个小丑。你需要懂得区分什么是讨好的笑容，而什么又是女人喜欢的笑容。

讨好的傻笑

• 你的笑容仅仅是因为女人，你希望她能够同样以笑容回应，笑容是你索取的方式。

• 你的笑容是给别人的回应，不是源自内心的快乐。

• 为了化解负面肢体语言带来的尴尬，你笑起来。

• 你只对比你有身份的人笑。

女人对你的笑容有着异常敏感的感受，她能够分辨出哪种笑容是真的，而哪种又是装的。所以，你不能只是在看到喜欢的女人时才刻意地笑，你需要把笑容融入你的生活当中，变成你的一部分。

有魅力的笑容

- 友善的笑容是无条件的。
- 你并不只是针对女性笑，而是因为笑容本来就是你生活的一部分。
- 你有一颗包容、开朗的心，并对所有人报以微笑，即便对方身份低微。
- 笑容是你表达情绪的方式。

人开朗了自然就会多笑。后文中关于情绪控制的技巧会对你有所帮助。在这之前，不如先从外部着手练习微笑，由外到内逐渐产生良好的习惯。

从科学角度来看，笑容需要面部组织的配合，这并不是一件简单的事情。就如某些优秀的演员，他们能够控制面部，表现出更自然的表情，更动人、更丰富的情绪。他们可不是光靠天赋，莱昂纳多·迪卡普里奥就曾在采访中透露，他在学校的那几年，每天都会对着镜子练习各种表情，有时候一练就是好几个小时。

图 2-14

如果你在过往二三十年都没有把笑容当成习惯，那么你在开始的时候一定会感到非常不舒服。这很正常，完全可以理解。但你必须改变！

我在开始的时候也非常不习惯笑，先不说自己觉得很虚伪，笑多了还会让我脸部肌肉酸痛。后来我下意识地强迫自己多笑，哪怕是不习惯也要撑着。每天早上刷牙时，我都对着镜子微笑。两三个星期下来，我的脸部肌肉对这些动作也就慢慢适应了。

后来，陆续听闻有女孩子评价我：比以前帅多了。

塑造自信的过程，是判断价值的过程

你对自己和身边环境的态度会由内而外地影响自身气场。这种态度来源于你对"价值"的判断。

我们以品酒会做比喻，来分析一下这个判断过程。

在品酒会上，你可以很容易地感受到参与者的气场，因为他们的态度非常明显。高声谈论一些专有名词的人看似十分自信，但他们的观点往往经不起推敲。这类人更多的是在维护自己虚荣的自尊心。随波逐流的人都缺乏安全感，因此他们努力向社交价值高的人靠拢，希望得到别人的追捧。这些人一无所知，匮乏感让他们盲目跟从，风往哪吹就倒向哪里。而真正在品酒会中讨论酒的人，因为有自己对酒的独特思考和体验，能从交流中提炼出对品酒会真正有益的信息。这种交流就是对"价值"的判断过程。即便对酒的知识有限，参与者在交流的过程中，对此次品酒会的价值流向也会有清晰的理解，他们更有可能给出对旁人有益的建议和谈资。因此，只要参与到判断交流信息是否具有价值的讨论过程中，无论对酒的理解深浅如何，他们为这次社交活动提供的价值是一样的。参与到这个过程中的人会成为品酒会上的核心，吸引盲从者，并将高谈阔论者排挤掉。

我们要塑造自信，正是需要培养判断价值的能力。你对价值的判断越清晰，对社会关系中自己的定位就越准确，因而也更容易获得自信。如前所述，人的社交行为总体上是受社交价值驱使的，社交价值相近的人们总是结成社会联盟。

"社交认证"只能构建"相对价值"

在社交互动中，价值就是一种资源，它决定了社交反馈的性质——接受或拒绝，吸引或排斥。当某个人在某一环境下能够向他人提供某种稀缺价值时，那么他就是当下环境的资源拥有者，对现场所有人都吸引力非凡。

诸如酒吧的 DJ、舞台上的魔术师、讲座上的专家、培训班上的教师等，都是在当下环境的较高价值者。但是，一旦脱离了当时的环境，人还是那个人，但他们所拥有的价值则会完全不一样了。比如，讲座上的专家去了酒吧则完全可能变成低价值者，酒吧的 DJ 去了经济学论坛，也是一文不值。可见，这种价值一旦脱离了环境，缺乏"社交认证"后，也就不是价值了。当事人在他们被环境拥戴时，感受到的被众人接纳、吸引着众人、收到积极的社会反馈的感觉和认知，就称为"情境价值观"，它也是"社交认证"发挥作用的核心武器。

从通俗的理解上来说，"有身份的人都气场强大"就是这一规律的体现。

核心价值观

虽然"情境价值观"能够在特定的情境下营造出强大的气场，但显然，"情境价值观"是不稳定的，一旦脱离当下环境，它就不复存在，气场也就荡然无存。因此，如果一个人想要具备稳定长久的强大气场，那么他就不应该依赖于特定的情境。他应该拥有更稳定、更坚实的社交价值观，即"核心价值观"。

在北美一个约会专家组织提出的"正宗社交力学"（Real Social Dynamics）中，曾经详细阐述这一概念："'核心价值观'是无时无处不伴随着你的一种价值观，它体现着你的个性（Personality）。这种价值观不是通过与他人进行价值比较获得的，而是一种自信，它来自你对自我的强大感知，绝非刻意强装。这样的自信让你相信社会已经对你授权，你尽可大大方方地采取有身份的人特有的行为进行社交。"

看上去很拗口，但说简单了就是：即便在"社交认证"不足以展示你整体价值的情况下，你仍可以保持强大气场。这种气场不是营造出来的，而是你个性的重要组成部分。这种气场是从你的核心价值观中产生的。

这种核心价值观就是一种社交自信。它来自你对你自己的看法、你对周围的人的看法、你对社交互动的看法。正是因为你对自己早就有了清醒坚定的认识，所以具有绝对的自信，不会在意别人的看法，不会在意是否被当下环境接纳，不会在意是否接收到社会的负能量反馈。只有这样，你才会保持积极的情绪，不断在社交互动中正面感染他人，不依赖环境能量来塑造你的气场，而是用你的气场影响别人接纳你、认同你，从而主动对你进行"社交认证"。这是个良性循环。

我以前很害怕跟金发碧眼的西方女性互动，就算是搭上话，互动起来还是觉得自己好像矮了半截似的，因为心里的不自信总是挥之不去——她们实在是太漂亮了，我有点自惭形秽。

再比如，很多男人本来性格正常，可一看到心仪的女性就焦虑得说不出话来，归其原因还是由于他们一旦动了心便下意识地自觉低人一等，害怕言行出错导致难堪。

在生活中被骂"小气"的男人，通常是因为接收到女人的负面评价而耿耿于怀，好像害怕那些女人随口而出的话就真的会变成事实一样。即便他们据理力争，吵架吵赢了，依然在女人那里留下心胸狭窄的糟糕印象。如果男人能够对他们自己的身份有足够清醒和坚定的认识，根本不用在意别人怎么看待自己，也就根本不会因为环境的反馈而影响到气场。

培养稳固的气场是一个不断强化核心价值观的过程，在下一章中，你将会了解该如何具体地强化自己的核心价值观。

控制情绪，成为充满感染力的男人

气场基于情绪。情绪的英文是 Emotion，你可以把它理解成"Energy in Motion"（运动中的能量）——情绪是可以感染、可以传达的。

我们都知道应该以一种正面的情绪去和别人打交道，什么是正面的情绪呢？正面的情绪包括友善、积极、乐观、有精神、自信、好奇、信任、热情、包容、温柔、健谈……

在女人认识你之前，你们就已经开始潜在沟通了，在第一印象阶段，男女双方的沟通质量是根据你们当时的情绪状态决定的，所以你必须要让她产生正面情绪，这样你们才可能有好的发展。

要让你的气场感染他人，吸引女人为你侧目，你自身必须首先处于正面情绪状态。

向外关注 vs 向内关注

很多还没有受过社会打磨的男人，一旦进入社交环境，会把自己置身事外，不断地思考并审视自我。他会不断地思考风险，分析情况，对自己每个失误铭记于心，不断否定自我，最后把脑中的胡思乱想转化成为恐惧和消极情绪。

以上这些都是将注意力过于"向内关注"的体现。抑郁症就是一种极端的"向内关注"。向内关注的人会把注意力放在自己身上，忽略了外界正在发生的一切。他们会审慎思考自己即将要做的行为、即将要说的每一句话，不自觉地让自己越来越拘谨。这会让人的社交状态进入一种恶性循环，导致行为越来越封闭。

你应该把注意力集中在当下，用社交直觉去感知环境和他人的情绪，并根据情况展开互动，让自己与外界连接起来，这就是我称之为"向外关注"的一种心理状态。一个人的注意力是非常有限的。我们不太可能在集中精力与他人沟通的同时，再专注于与自己进行内心对话，一心不能二用。

向内关注的人会不断地审视自身和环境，这种思维导向的人在行为上总是慢一拍，只能被动地去回应身边所发生的一切。相反，向外关注的人因为思维和行为合一，更能积极地去主导环境和他人。这才是我们跟女生互动时所需要追求的状态。

就如电影《阿凡达》里面的观念一样，如果你能够用心与外界环境建立联系，你在社交时的状态将会大大地提升。你不再只关注那些自身虚构出来的想法，而是让自己接受环境的拥抱。

应用"向外关注"获得正面情绪

要集中注意力，你首先要明白什么是注意力。注意力是意识的集中指向，并同时伴随对某些资讯的忽略。

要集中注意力，你首先要忽略掉某些你在社交现场不需要的资讯。应该被屏蔽掉的资讯包括你内心纠结的干扰、五光十色的环境干扰、别人大声对话的干扰、女人搔首弄姿让你浮想联翩的干扰……人的注意力十分有限，别浪费你宝贵的注意力在这些不着边际的事情上。

你的注意力应该集中在哪里呢？你应该把注意力刻意地转向目标人物和事之上。人是一切互动的根本，而事则是人与人互动的过程。人们所说的话、神情态度、穿着打扮等你都可以捕捉得到，并在此基础上延伸出沟通意向。

简而言之，你要把放在自身反应、自身感受的注意力转移出去，去关注他人，关注环境。这样，才能将你的正面情绪调动起来。在第一印象中，女人无法感知到你内心的丰富情感，所以，向外关注能更好地令她们感受到你的魅力。

适应陌生情境下的焦虑

很多时候我们的情绪会受到当时所处环境的影响。你有没有试过进入到一个完全不熟悉的环境，比如酒吧、别人的生日聚会、女性内衣店，然后感到非常不自在？

　　你可能会不知所措，脑子里一片空白，不想与其他人交流，身体进入防御模式。这是正常的反应，哪怕是外向的人遇到自己未曾经历过的环境，也会有一样的反应。这是社交焦虑的一种，我们称之为"情境焦虑"。

　　情境焦虑和一个人是否外向、害不害羞没有任何关系。它源自人类面对陌生环境时，对潜在的不确定性事物所产生出来的负面情绪。一个人的理智在这种焦虑下会被吞噬，我们会进入莫名的自我审视中，把自己的行为无限放大，觉得所有人都在关注自己，挑自己毛病。我在刚刚搬到纽约的时候，情境焦虑曾是一个非常大的瓶颈，对韦恩、谜男这些天才亦如此。

　　情境焦虑所导致的自我审视状态，其实是一种错觉。实际情况是这样的：我们对他人的反应做了大量不利于自己的假设，比如假设"大家都在看着我脸红""那个美女在等我闹笑话"，诸如此类。为此，我们会觉得不舒服，进入到自我保护状态。为了不让别人伤害自己，我们给自己打开了防火墙，拒绝与外界交流。

　　认识到这一点，你就可以确定，"情境焦虑"不是任何人先天的性格缺陷。每当进入到一个陌生的社交环境，你完全可以采取以下几种措施避免情境焦虑：

　　• 熟悉场地——看看场地的环境状况，还有主要的摆设和陈列。

　　• 了解人群——发现谁是主人，谁是社交中心，哪些人在传递正面情绪，哪些群体应该避开。

　　• 做好互动准备——对自己的心情、状态和目前要做的事了如指掌，不会因为准备不足而惊慌。

　　• 放松执行——调整自己的肢体语言，让自己放松。找出带有正面情绪的人群并与之展开互动，让自己进入到健谈的状态，继而引起女性的注意。

阴阳心态：由内而外强化自信与感染力

我们都喜欢和情绪健康的人相处。没有人喜欢和一个不断埋怨、永远愤怒的人在一起。所以情绪控制不单是日常人与人之间相处和谐的关键，更是吸引女性的关键。

每次出门前，我习惯在家先洗一个澡，梳洗整洁，穿上喜欢的衣服，这些事情能让我很愉快，自信会从心中渐渐满溢出来。我喜欢听快节奏的电子音乐，它能帮助我把情绪转向积极状态。如果你也喜欢音乐，我建议你在进入社交场合前让自己在音乐中沉浸一小会儿。

培养气场最核心的目的是养成一种由内而外的积极态度。这种态度会改变你对事物的理解，你的行为举止和你与他人的互动方式、你的身份、价值会从这些态度中自然流露出来。我曾将这些态度中最健康，最正面的部分萃取出来，并认真记录下来，以便日后在与女人相处时展现出来，借以培养自己的气度。积极态度的养成如同武侠小说中的内力修炼，能够通过不断训练形成你身体的自然反应，形成你的"气场"。这种练习在无数男性身上都被印证是有效的。

我常常用"阴阳"的比喻来对这些态度进行分类。

"阴"的心态

"阴"是一种自信的心态，一般不受任何外界事物的影响，任何事都不能左右你的情绪。"阴"使你不受他人影响，它让你在情感交流中不会表达过度。无论是何等强烈的情感在传递，正面或负面，"阴"的心态都能保证你拥有魅力。

例如：

• 我不会被别人贴给我的标签影响，不因他人的评论而改变自己，人们觉得我很可靠。

• 我在任何时候都放松并展现出令人舒适的态度和动作，就如同在自己家里与几个挚友交流一样。

• 我不期望别人对我好，更不强迫别人给我好处，因为我相信好事随时都可能在我身上发生。

• 我无忧无虑，自由。无论发生了什么，我的第一反应都是"没什么大不了的"。

• 我不刻意证明自己。我有自己的行为标准，从不会凡事都听他人指挥。

• 我不乞求爱情，不黏人，也不徘徊于女人周围等待被她们发现。

• 我不会盯着女人不放，我只在她看我的时候回应她。我知道过度表达兴趣并不浪漫。

• 我自己就很有趣，不需要通过求爱行为来寻找新鲜的生活。

• 有时我也会烦躁得不想聊天，但从不表现得粗鲁。

• 我不为自己解释，也不与人争辩。

• 我不需要得到认可、赞同或批准。

• 我懂得道歉。即便错不在我，道个歉对我来说也无伤大雅。我不会因为被错怪而表现出无礼。

• 我不非议他人。我有自己的原则和底线，但不会强加到别人头上。

• 我珍惜我的时间，不会来者不拒地答应所有要求，但拒绝别人的时候一定保持礼貌。

• 我不讽刺或藐视他人，懂得尊重别人。

- 我理解别人，在他人情绪失控的时候，我明白这是人之常情。

- 我忽视来自外界的恶意。我不会因此陷入负面情绪，顶多不予理会。

"阳"的心态

"阳"是指一个人外放的感染力，这种感染力像阳光般散发出风趣和正面情绪，你的温暖会吸引人们的注意力。它显示出你的生活健康、积极，充满正能量，所以你无论此刻和谁在一起，都能保持快乐又积极的状态。

例如：

- 生活如此美妙。我总是快乐、微笑，和朋友大笑，随着音乐起舞。

- 我总是在对话中积极贡献话题，使每个参与者都乐在其中。

- 我向他人传播正能量。我将性格里的温暖发散出来，这温暖吸引人们走到我身边。

- 我感激他人，赏识他人的优点，时时表现出尊重。

- 我知道我很有魅力并真的让人喜欢，所以我没有什么好端着的。正因为如此，他人可以很容易就感受到我的开朗与真诚。

- 我很活跃，是个冒险家。我敢做出格的事，不是为了证明自己，只是好玩。

- 我会恰当地表达自己的感受，从不害怕被看低。我有时自嘲，但不会太认真。

- 我是个社交高手，我开启对话，我介绍周围的人给别人认识。

- 我有很多可以拿得出手的东西，我发挥自己的长处为大家服务。

- 如果我对一个女孩投出的好感目光被避开，我知道这没什么大不了，理解对方的感受。她可能有点害羞。

- 我能让人开心。我不断提高语言表达能力、增加幽默感，在交谈中加入新鲜事物，别人会感觉到和我聊天很有价值。

　　我建议你经常有意识地记录下自己表现良好时的状态，将它们归纳到你的"阴阳心态"之中，然后经常训练自己主动引导出这些状态，这样，你很快就会获得自己独一无二的气场。

 第一印象吸引力开关

身材匀称

有句话怎么说来着，一个人如果连自己的身材都管理不了，那还指望他能做些别的什么事？排除遗传因素，这句话也不无道理。一个出众的身材不仅能吸引女性，更展现的是你自控、自律的性格。对自己有要求的人才更加受人青睐。

外形整洁

如果你做不到时尚达人的级别，那么最基本的整洁大方总不会出错，约会前换身整洁干净的衣服，胡子剃得干干净净，头发过长就剪掉，别玩非主流，给女孩留个清清爽爽的印象也不错。

装扮时尚

如果你想来点与众不同，一个小小的装饰品也会为你加分，如手表、墨镜，再来点香水，提醒各位千万不可浮夸，太过反而适得其反。要记住一个原则：简洁不简单。

精英特质

《007》男主角为什么不直接穿运动服呢？因为西服虽紧，但更能体现你的精英气质。我们可以简化地将"精英元素"理解为：服饰的质地和裁剪比款型重要；整体干净利落比设计感重要；时尚感比舒适保暖重要。但若要往更深理解，需要你找到最适合自己的特质。

社交认证

周围环境对你的认可能够帮助你建立非常有异性吸引力的第一印象。简单点来说就是主角光环，自带气场，不是环境影响你，而是用你自己的气场去影响周围的人。社交认证给女人一个更好的参考标准，产生一种"你看，大家都喜欢他，所以我也喜欢他"的效果。

良好的身体语言

好的肢体语言应该是自信的、放松的。比起别人对你的态度、你穿的衣服，女人更相信自己观察到的细微信息。她们会通过这些细节去衡量你最真实的一面，看看你是不是徒有其表。这个印象在你们还没认识的时候，就已经深深烙印在她心里了。

正面的情绪状态

你的情绪状态能够从一个侧面显示出你平时的生活状态，也直观地表现出你的性格特质。"阴阳心态"就是表现正面情绪状态很好的方式。想要在认识之前就让女人对你产生良好的印象，你需要先展现出正面的情绪状态。

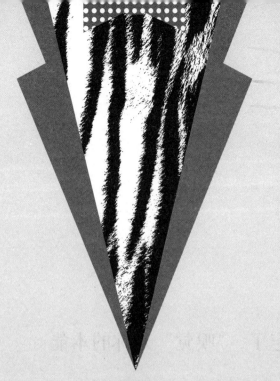

CHAPTER 03

出手抓她的时候"用力一点"

如果你想要不一样的爱，我会为你戴上面具；如果你想要个舞伴，请牵我的手；或者如果你发火，想把我揍趴下，我就在这儿，我是你的男人。

——莱昂纳多·科恩《我是你的男人》

别忘了，"嗅觉"是你的本能

　　大部分单身男人并没有意识到，结识更多的女人是一项非常重要的任务。爱情不会从天而降，守株待兔等于把自己的幸福全盘托付给运气。

　　主动出击，认识自己喜欢的女人，是一个男人男性荷尔蒙发挥作用的表现，也是"野兽"的精髓。而巧妙地遵循社会规则，赢得陌生女人的垂青，则是一个"绅士"应当具备的智慧。本章的知识，将会同时开启你这两方面的能力。

　　我曾面对面帮助超过 1000 名单身男性解决情感问题，实际经验告诉我：正在求偶的单身男人普遍需要同时拥有 5 个以上的潜在发展对象，才能维持心态平衡。如果认识的女人太少，很容易对单一女性投入过多，患上"真命天女症"，净干些脑子进水的傻事；如果缺少潜在选择，男人会过分关注某一女性，然后盲目放大她的优点，无视缺点，让自己总在患得

图 3-1

患失之间徘徊。

　　这样说可能还是不够具体，下面，我们用男人的思维去解释如何认识更多优秀女性吧。

认识女人之前你需要知道的事

　　用"捕鱼"来比喻男性求偶的过程最贴切不过了。去捕鱼，你先得找一个有鱼的鱼塘，然后再用你熟练的钓鱼技巧把它们钓上来。

　　身份、外形和气场，加上所处社交平台，这些因素决定了你的鱼塘有多大，里面有什么鱼，密度怎么样，有没有大鱼；而你的技巧就等于你捕鱼的本事，你有什么渔具设备，你是用钓竿、渔网，还是鱼炮？你用什么鱼饵，以上这些都是需要全盘考虑的。

　　很多向我求助的男人本身有着良好的出身和广泛的社交圈子，却完全不懂得钓鱼，结果只能眼睁睁地看着鱼儿在自己面前游来游去却无从下手。为我撰写《智族》（GQ）报道的那位记者就是个活生生的例子：文化界的资深从业者，身在美女如云的时尚大楼，但仍然单身多年，亟待解救。

所以，学习捕鱼的第一点就是要学会怎么找鱼塘。想要认识女人，首先要学会怎么把女人找出来。

在选择平台的时候，你要审视以下 3 个要素：

数量——女性的密集程度

你需要找女性资源密集的地方。一般来说，在篮球场、网吧这种男人扎堆的地方女性都很稀缺，甚至长相平平的女孩子都会被捧为"女神"。而商场、酒吧、大学食堂、交谊舞班、咖啡店都有很多女性往来，可以说是不错的选择。

偏爱——有没有你喜欢的女性类型

你喜欢哪一个类型的女人？请根据个人偏好选择场所去结识她们。比如，如果你希望和女白领交往，那最好选择商务区附近的商场、咖啡厅，别去大学食堂。

交集——双方生活轨迹有没有重叠

交集是指你与女生的物理距离、心理或社交层面上的交织联系。交集有利于双方建立信任，也多了日后再次见面的契机。相反，无交集的认识方法，比如搭讪，也有它的好处。搭讪可以帮助你跨越社交圈子的界限，把你的潜在目标范围无限扩大,让你有更多选择。此外,搭讪还有一个好处:哪怕你最后搞砸了,它也不会给你带来社交后遗症。

结识女人的场所

虽然说女人哪里都有,但如果你想提高效率,尽可能认识更多的女生,就去这些单身女性扎堆的场所吧:

咖啡厅

陈奕迅的那句 "在街角的咖啡店" 满是生活情怀。咖啡店随处可见,因为在那里能做的事情太多了:写稿子、见客户、聊天、看书……对男人来说,咖啡店是个很好的搭讪场所。在这样的公众场合,女人们常常放松身心、卸下防备,只要大方走上前,轻轻地说几句话,你就能收获她的礼貌回应,要到联系方式也不是难事。

如果你每天在固定时间去同一家咖啡店坐上两个小时,边喝咖啡边观察人群,用不了多久,你就能发现有很多人和你一样,有规律地在咖啡店出现。久而久之,熟悉的面孔会对你微笑。无论是静静地坐一会,还是随意问候,你们完全可以默契得像是已经认识许久的朋友。熟悉的咖啡店能给你有效的 "社交认证",在这里认识投缘的女性再好不过。

商场

商场是单身女人最多的场所,没有之一。

你要挑选的商场，不能是冒着霉气的百货商店，或者沿途叫卖的折扣大厦，我们说的是大型购物中心。单身女人喜欢逛商场，从年轻女孩到成熟女性，都会将大把时间投入到这件事情上，那里有最新的服装和最热的潮流，这也就意味着你可以遇到最正的辣妹。

商场也属于大型公众场所，人跟人交流起来会很容易，问个楼层，聊个品牌，就可以轻易说上话。真心推荐单身男人们没事去商场走走，那里不但比单身公寓更有生活气息，还有无数女神、萌妹、御姐正等待你去拯救。

酒吧

女人喜欢去酒吧的原因就是想找点乐子，认识更多的男人。你要相信，几杯酒下肚的女人，比清醒的女人热情很多。即使酒吧里环境吵闹你也可以放心去大胆搭讪，说话听不清楚没关系，反正大家都是出来开心的，搭讪失败也不会丢人。不同的酒吧风格有不同的人群特征，但在酒精和音乐的共同作用下，人们都会变得更加真实，更加忠于本能。

选一家你喜欢的酒吧，找个舒服的位置坐下，然后观察一会儿周围狂欢的人群，不要拘束，将自己融入这个大环境中。

大型相亲活动

相亲网站、地区性的门户论坛都会不定期举办一些大型的相亲活动，通常参与者由几十人到几百人不等。在这些活动中，主办方会安排一些小游戏、聊天等环节让男女参与者可以快速熟悉对方。有趣的现象是，大部分相亲活动，参与者中女性的比例都会占 60% 左右，比男性略高。这可能是因为在中国的普遍价值观中，人们认为男性适婚保鲜时间比女性长。

在这些活动中，大部分男性在初期都会比较害羞，所以你需要一开始就快速结识你感兴趣的女性。因为到了活动的后期，当其他男生逐渐适应以后，会四处出击，打扰你和其他女生的互动。

在大型相亲活动中，你的着重点应该放在与女性的深度交流上，而不是简简单单收几个号码。因为如果没有深度的交谈，就算交换了电话号码，对方也会忘了你是谁。毕竟一天下来，她可能会被几十甚至上百个男人要求交换电话号码。

同城活动、兴趣班

你感兴趣的主题讲座、有慈善性质的社会活动、音乐会、艺术展览等，都是认识女性的优质渠道。在这些活动中结识的女性通常都与你的偏好、业余生活有很好的契合。把这些活动视为一个纽带，你既可以寻找自己感兴趣的新鲜事物，还可以顺便认识到其他女生。现在互联网上有很多同城活动的资讯可以参考，非常方便。

交谊舞班、瑜伽班、英语角、品酒课……现在社会资源的丰富程度已经大大超过我们的想象，这些兴趣班可以拓展你的生活，也是认识潜在交往对象的高效渠道。交谊舞班上就有大量单身的女人。在中国，愿意学习交谊舞的男性真的很少，因此，只要你报名参加这类舞蹈培训班，你就天然排除了许多竞争对手，并有大量机会结识女性。

兴趣班不仅能让你认识兴趣相投的女性，也有助于你走出舒适区，大幅扩展生活的宽度。至少，我自己就在交谊舞中受益良多。

大学校园

大学生在校园内发展恋情的机会实在太多了，多得连我都羡慕。大学里的单身女生遍地都是，她们其实也很需要认识新的男生，只不过在这个青涩的年纪，害羞的男女占大多数。如果你主动出击，你就比其他男同学占据了先机。

举例来说，学校的食堂往往开放给所有人，借饭卡就是一个完美的搭讪理由，可以很自然地跟女生展开对话并进行后续互动。

相亲网站

在相亲网站上认识女人和参加线下相亲活动完全是两码事！

大部分男人都喜欢在相亲网站上挑出最合适的女生，然后单独发私信、聊天、交换联系方式，等着看有没有运气约出来见面。这种做法不但没有效率，而且现实中，她的形象往往也跟照片上有很大落差。因为与预期不符，很多人见面后心里大呼后悔，浪费了几个月光阴，最后却不欢而散。

请不要过度关注相亲网站上的照片，你只要根据一些基本参数，筛选出符合你对身高、年龄、职业等要求的女性，然后直接打招呼。通过设置一些基本的对话台词，从给你回复的女生中再次挑选合适的，然后快速交换联系方式进行约会。在相亲网站上约见女人，请当作平常交朋友，不必目的性太强，见面后再决定是否需要深入了解吧！

需要注意的一点是，你需要对自己的照片、整体资料做出细致的优化。避免吹牛，也不要空谈一些大家都知晓的道理。最好是根据自己的实际情况，真实地描述自己。现在过度包装的男人太多了，你要做的就是真诚。

社交软件

现在流行的微信、QQ 等社交软件其实可以作为一种认识女性的补充渠道。你在虚拟网络上的形象，包括你的头像、照片墙以及介绍和签名档等，都尤其重要。

应该避免转发人云亦云的东西，也不应该过多吐槽和散播负面能量。理想的展示面应该是积极的、对生活充满热情的。幼稚的男人喜欢在展示面上炫耀自己的车子和钞票，这并没有太好的效果，因为真正有价值的人是不会有空没空秀这些东西的。在他们眼中，物质只是生活的一部分，并不是什么了不起的东西。

在这类社交软件上要注意一点：要快速跟你已经聊得不错的女生建立私交，比如交换电话、私人微信。如果你们的关系仅限于在社交软件上聊天，其实你们还只算是陌生人。只有当你进入女人的生活层面，才能够与她进一步深入交往。

用开阔的心态去结交异性

不要纠结于一两次得失

菜鸟会把女人的拒绝解读成为对自己整个人生的全盘否定。一两次的拒绝，就会彻底打击他们，他们会认为自己没劲、太矮、太穷、不够帅……然后开始帮女人找借口去否定自己，进入一个越来越没有自信的死循环。

"我太没劲了，所以她不可能喜欢我的。"

如果放任这种心态继续，注定孤独一生。

虽说恋爱的整体过程是愉快的，但当中必然也有不少波折和拒绝。哪怕是伟大的球员也难免有失分的时候。你最需要关注的不是失分，而是得分。

拒绝是一种筛选机制——帮助你排除那些不适合你的女人。

本来，女人的拒绝就可能是出于各种原因，比如她已经有男朋友、上午刚被老板骂、最近不想谈恋爱、刚刚被甩等，还有可能她本来脾气就这么臭……

你一定要知道，一个单身女孩子出于你本身原因去拒绝认识你的可能性很小，即便是在日后的交往中你也会遇到很多次"拒绝"。女人会出于各种原因不配合你，其实她可能只是在给你黄灯而已，别把所有的拒绝当成是红灯，一切并非不可逆转。

多结识才能细选择

难道随意结识女人不会被说成是"花花公子"吗？

答案是：不会。

只要你不把"结识更多女性"这件事定义得目的性太强，就不会被人骂花心大萝卜。

认识女人本来就不是什么需要鼓足勇气去做的事，又不是说你们认识了就得马上在一起，然后交往同居领结婚证。即便是男人与男人之间，互相觉得有趣，也会产生结交的想法吧？你结识自己感兴趣的女性也是一样，这只是日常生活的一部分。在"认识"这一阶段，她也有认识更多男性的自由，没必要添加太多无谓的责任联想。

不要抱着"我认识这个女人就是为了把她变成我女朋友"的心态，前期投入太多的心理预期，后期的期待值就会越大，一旦女生因为某些原因停止交往，会对你产生很大的打击，你会对自己产生疑问，质疑自己的魅力，进一步丢掉可能本来就有限的自信心。

请抱着开放的心态不断去认识你认为有趣的女人，这会大大地提高你的社交能力。如果你的好友里只有 1 个女人，你很难做到和她说 100 句话，但如果你的好友里有 100 个女人，和她们讲 100 句话，就变得易如反掌。和跳舞一样，100 个舞伴比 1 个舞伴对你的舞步更有帮助。与更多女人交流，你的直觉会成长得更快。

建立自己的社交圈

大部分男人在工作之余都比较缺乏社交活动，更别提拥有自己的社交圈。一个有价值的社交圈能够为你源源不断地吸引人进来，除了漂亮的女人，还能为你的事业提供源源不断的社会资源。

你需要变成像太阳一样的能量源，为周边的人输送社交价值。你可以通过以下几种方式进行：

组织聚会

你可以定期组织年轻人喜欢的聚会，持续地为自己的社交圈注入活力。如果有足够的经济实力，就在城里最酷的场所举办派对；经济实力一般的话，就在家里或者常去的小酒馆，让朋友带上新朋友，你则为大家提供吃喝玩乐的契机，从而不断地筛选出最有价值的人群。

聚合资源

社会资源是指人脉、资本、发展机会等对其他人有积极作用的价值。你的社交圈不单要吸纳女人，也要吸纳和你志趣相投、资源互补，跟你一样酷的人。你身边围绕着什么人，直接反映了你是个什么样的人。

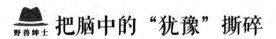

把脑中的"犹豫"撕碎

女人喜欢幻想白马王子。

在梦中，她们与白马王子是自然邂逅的——在一个朋友的生日派对上，在常去的咖啡店的书架边，在一次旅游的途中，在街角不经意的一次对视里……

这些场景都是女人幻想中的最佳邂逅地。

但如果你遇到她时只会在一旁发呆，那她只好转身找别的白马王子去了。

诚然，和她通过一位朋友认识是最安全不过的了，你们了解后发现两人有相近的价值观，而且兴趣相投，郎才女貌。朋友告诉她，你是一个极为优秀的男人，让她对你的兴趣陡然大增，更难得的是，你们两个居然同时处于单身状态……

等等！

这种情况在一个普通男人的一生中能发生多少次？

如果不开口搭讪，在一生中，你能遇上多少次上天安排好的美妙邂逅呢？即便遇到了，你要如何开始呢？

跟古代的生活模式不同，在大街上、交通工具上、工作中，现代人每天都有大量与陌生人接触的机会，但这并不意味着心理距离的拉近。搭讪可以帮助你揭开人与人之间的社交隔膜，在没有交集的情况下认识对方。

我们可以这么来理解搭讪：它像一台很好玩的游戏机，每一局的奖励是认识一位有趣的女人。

本来，你每次投币都有机会赢。

可大部分男人只敢玩一两次，因为他们的"硬币"本来就少，输掉一两次后，他们开始紧张；越紧张，就越容易失败，越是失败，他们越拒绝继续投币。

突然，有一群小男孩走进大厅，他们将所有人的"硬币"集结起来，以便有足够多的"硬币"可以承受失败。他们不在乎某一局游戏的输赢，放开手去尝试，去研究整个游戏的结构，去发现每一个难关的漏洞。其实，对他们来说并没有失败可言，因为凭着积累的经验，他们每个人最后都赢得了游戏胜利。

我和我的朋友们投了很多"硬币"去摸索有效的搭讪方法，也花了很多时间去验证这些方法在其他人身上是否有效。结果是我们成为了搭讪高手。

不必羡慕那些有很多"硬币"的小孩，现在，只要你开始尝试，游戏结果一定不会让你失望。

克服人人都会有的搭讪焦虑

男人自我保护的本能

男人每次接触一个陌生女人，焦虑感都会自然而然地在他身体里蔓延开来。在主动搭讪陌生女性时，这种焦虑感尤其强烈。

女人理解不了男人的搭讪焦虑。她们对于搭讪的诉求是"不猥琐就好""老老实实说你想认识我""别拐弯抹角""要真诚、要自信"……这些道理没有男人不懂，但她们根本不明白，一个并不成熟老练的男人，想要接近自己心仪的异性时，心里到底有多紧张。

站在理性一点的角度去看，其实搭讪时产生的焦虑感是人类进化长河里的本能反应。它在某种程度上可以保护男人在择偶时避免误入歧途，以防受到排挤，甚至殒命。

试想一下，如果你生活在一万年前的部落社会，怀有求偶目的地上前接触（搭讪）部落首领的女人，那么会有什么下场？

在漫长的原始聚居社会里，人类的社交是非常封闭的，能接触到的异性通常都在生活范围附近。保守地说，这一状况甚至持续到 18 世纪工业革命，直到交通效率爆炸式提高，才发生本质改变。为了保证自己的血脉纯正，男人天生会做出排他性保护措施，其中包括本能地对其他男人发动攻击。

在原始部落，如果一个男人被部族中一名女性拒绝，结果很可能是被部族所有女性拒绝。

在这样的大背景下，焦虑心理可以保障男人有更大概率去生存和繁殖。男性他们不会盲目冒进，他需要反复确认自己能够安全接近目标女性后，才敢开始求偶行动，这让他们降低了被攻击的概率，也降低了被拒绝的概率。

他们可以拥有更长的寿命，也可以拥有更多的后代。

自然而然地，这基因也就遗传到了你我身上。但在新的社会秩序中，它带来了新的问题。

现代文明社会让社交摆脱了小范围部族的束缚，求偶行为可以很开放地实施，不必过多担心遭受攻击或因一次求偶失败就遭受其他女性拒绝。这也解释了为何女人们普遍认为只要合情合理、有礼貌、不带攻击性，她们就不会对男人的搭讪感到厌恶。毕竟，女人没有必要讨厌一个欣赏自己的人，哪怕她并不喜欢他。

在越来越庞大的城市化社会体系中，陌生人是人们日常接触最多的群体。绝大部分值得进一步了解的女人，或许在你的一生中仅与你有一面之缘。搭讪焦虑已经变成了阻碍，它不但不能帮助我们更好地生存，反而给我们的择偶过程平添困惑，让我们错失良机。

"三秒法则"，破解你的搭讪焦虑

"三秒法则"是由著名约会专家谜男提出的。他要求男人在发现自己感兴趣的女性时必须果决，在三秒内必须做出行动，否则焦虑感会传遍全身，你的脑内会开始产生无数理由来反对你认识自己感兴趣的女性。

女人向来不喜欢男人犹豫不决。犹豫的时间越长，你看起来就越失败，越无法让人信任。考虑过多也会使你的沟通不顺畅，导致说错话、做错事。

一定要遵守三秒法则！即便不知道说什么，一声"你好"都比呆站着一动不动强。不管你们双方正在干什么，如果你在三秒内行动，她都能注意到。她会注意到你的率真和果断，这些会为你加分。如果你一等再等，犹豫不定，然后才采取行动，那么你就处于劣势。犹豫不决会让自我怀疑获得喘息空间，也会令你假设出一个又一个坏结果，劝说你放弃搭讪。即便硬着头皮开口，你的状态也会非常糟糕。

根据三秒法则，你不必等待眼神接触，不必期待她注意到你，也不必找机会表现你自己，因为在人世间无数次的擦肩而过中，这一切根本来不及发生。看到喜欢的女性，径直走上去就好，这比任何事情都浪漫。在这三秒钟内，你根本没有时间紧张、自我衡量、冒汗或颤抖。矬男的标志是：缺乏自信、不够霸气、没有魄力，在女人身边毫不起眼。如果你一开始表现得自信、率真，即使三秒钟过后你在与女人交谈过程中开始冒汗、发抖，第一印象的好感也会盖过这些。三秒法则可以帮助你确定节奏，摆脱内心的犹豫，始终保持自信。

它之所以称作"三秒法则"而不是"三秒建议"，是因为不管什么情况下，一旦确定目标，最有效的办法就是立即行动，而不是绞尽脑汁编织"完美"的对白。干站着死盯住女人，同时脑子里幻想着可能被拒绝的每一种场景，然后把自己吓得半死，这是矬男的行为。

"三秒法则"的例外

有些情况下，这三秒法则并不适用。比如，她正在银行的柜台前存款，你不能莽撞地走上去，打断她正在忙的事情让她与你交谈。或者，有时你身处全是女人的房间里，你需要时间来确定她们之间的关系，以便进入她们的圈子。因为你显然不能在三秒钟内应对这么多女人。但是，如果你已经确定了目标，就不要犹豫太久。大胆地采取行动吧。

如果实在想不出开场白，那就简单地说声"你好"。如果想要给自己添几分自信，减几分犹豫，通常，预先准备一些适用于所有场合的台词会更有利于沟通。后文我会列出一些有帮助的台词供你参考，以便在适当的时机打开社交圈去认识女性。

"负重练习"

像学习技能一样，练习可以让你的搭讪方法更成熟顺畅，靠谱的搭讪方法不是看几本言情小说就能掌握的。

想加快成长速度，你必须要找一个适合训练的场地。踢足球你需要去足球场；打篮球你需要找到有篮筐的地方；练习搭讪，你需要找一个美女密集的社交场所——酒吧！

首先，酒吧是一个高密度的社交环境，日常生活场景中你很难有机会同时面对这么多陌生人，这样的社交环境对于你练习降低焦虑感非常有帮助。

其次，酒吧里面有大量漂亮的单身女生，在那样的环境下，她们非常乐于和陌生人沟通。你不必像日常生活里与陌生人相处时那么小心翼翼，尽量打开心扉就好。

最后，酒吧属于高压环境，灯光、音乐、酒精，人们的互动会受种种因素干扰，你可以把这种环境视为负重训练。如果你能够适应在这种环境下去认识陌生人，那么在日常的环境中，你与陌生人沟通将会感觉到无比轻松。你能看清女人每一个动作的用意，能够更游刃有余地做出反应。随着经验的积累，你的社交直觉会得到迅速提升。

关于酒吧的顾虑

——"我不喜欢酒吧的环境。"

就个人而言，我从不吸烟，也极少喝酒，酒吧和我的生活模式本来毫无交集，更谈不上喜欢。你可以把酒吧看作是纯粹的练习地点，没有必要把过多的感情因素和个人喜好和它联系在一起。你的目标很简单：开阔你认识异性的心理界限和提升社交直觉。

——"我不喜欢酒吧的女性。"

很多男人因为缺乏生活体验，会有一些偏见，比如认为酒吧里的女生都是坏女人，这是一个普遍的误解。其实她们与大街上任何一个女人一样，都是普通人，有自己的喜怒哀乐和感受，有工作有思想，有血有肉。酒吧娱乐和读书、听音乐、喝咖啡一样，千万别随便给人打上标签。

——"我没有志同道合的朋友陪我一起去酒吧。"

这是单身男人遇到的最普遍的问题。去酒吧意味着有一定的成本，建议你找一些在酒吧举办的同城活动，一方面可以和别人分摊成本；另一方面，提前建立起小圈子的联系，也会为你认识其他圈子中的女性带来便利。不过请记住，你去酒吧不是为了困在自己的圈子内的，一定要走出去，认识陌生人！

认识女性前的注意事项

和你的社交圈有交集的女性，比较容易认识，因此我们不过多讨论。对于没有交集的女性，在公共平台结识，和社交环境认识女生有很多相似之处，我们先给你一些准备工作的建议，好让你在结识她的过程中更游刃有余：

• 如果正在进行一些有趣的活动，确保自己先玩得痛快。

- 展示自信的肢体语言。

- 做任意一个群体的领袖（使用大幅度的手势或风趣的语言，吸引众人的注意力，等等）。

- 让一些女人围着你，刚刚认识的也不怕，这会神奇地帮助你吸引到漂亮的女生。

- 限定自己的活动范围，不要频繁地走来走去。

- 不要左顾右盼或眼神飘忽不定。

- 不要在众目睽睽之下索要她的电话号码。

- 别和矬男们一起打闹扮酷，这顶多让你变成矬男之王。

- 要善于社交，和别人修好，而不是掠夺性地到处跟别人抢话、抢女伴。

留意搭讪邀请

女人在社交聚会和公共场所很少会主动认识异性。特别在中国，女人对陌生异性有好感时，常常因为含蓄而不敢主动跟男人说话。不过，她们会下意识释放一些信号邀请男人来主动接近。当女人给你以下反应时，你应该要采取行动了，这样你得到积极回应的概率会很高。

- 看着你、跟你眼神接触。

- 久久站在你旁边不离开。

- 故意站在你看得见的地方。

- 摆弄头发，整理衣服，来引起你注意。

- 大声说话、调笑，故意让你听到。

图 3-2

"三段式搭讪"

我们从上千次搭讪经验中提炼出的成功的搭讪方法普遍存在以下三段式结构：

开场白——情境沟通——交换联系方式／即时约会

开场白

有些人天生就很外向，可以直接走到女人面前，然后毫无压力地和女性聊天，甚至调情。他们喜欢宣扬一种观点：认识陌生人最好不要提前准备任何台词，做自己就好，否则会把"邂逅"这件浪漫的事弄得很做作。我要说的是，如果你是天生外向的人，恭喜你，你很幸运，请再接再厉，但也别想当然地认为所有人都可以搭讪成功。预备好开场白的台词可以给很多本来不善言辞的男人一些帮助。对内向的男人来说，多多准备话题，打开状态，才能帮助他们一步一步成功地"做自己"。

可供选择的开场白有很多，我总结出三种类型：

1. 适合在咖啡厅、候机室等静止环境中展开对话的"话题开场白"。

2. 适合在商场、校园等开阔环境中认识擦肩而过的女性的"直接开场白"。

3. 适合在面对多人组成的小圈子时，认识其中一位女性的"多人组合开场白"。

下面推荐一些实用的开场白，它们会有助于你在结识陌生女性时展开对话。但是请注意，打开话题只是万里长征的第一步。不要死记硬背，也别太过迷信开场白的威力，任何一次搭讪都请结合当时的情境，没有一个开场白是万能的。

在这一阶段，展现出真诚的勇气是最重要的。挠破头皮去想一个完美的开场白，也比不上鼓起勇气去说一声"你好"。

● **话题开场白：真诚赞美**

简易度：★ ★ ★ ☆ ☆

成功率：★ ★ ★ ★ ☆

泛用性：★ ★ ★ ★ ★

所有女人被真诚地欣赏时都会觉得很愉快。赞美可以给予对方"可得性"，拉近人与人之间的距离。只要你的表达足够真诚，并且不带有功利性，直接赞美对方在大部分时候都很适合打开话题。

赞美有两个前提，你需要让女人感到：

1. 你很坦率、真诚。

2. 你对她没有企图。

赞美的角度也非常讲究。"你长得真漂亮"这样的赞美是最不经大脑的，它表达出的信息是：你跟大部分男人一样肤浅，因为你只看表面，没有用心去观察她具体漂亮在哪里。这意味着，你不懂她。

女人为了美丽，可是投入了大量心思。她想要男人理解她的独特，想要男人体会她在"美"这件事上付出的用心。真诚直接的赞美应该聚焦于她独有的美，赞美她与别的漂亮女人不一样的地方。

如果她的发型看上去是精心打造过的，你可以说："你今天的发型很赞，应该花了不少工夫打理吧？"或者"你的头发发质很好，平时应该很用心护理吧？"

如果你看到一个女人的鞋跟特别高，你可以说："你的高跟鞋看上去很危险呀，不过的确很特别！"

我知道大多男人对女性服饰没有很深的了解，如果你想要赞美她的着装，却不知从何开始，也不必硬着头皮瞎掰，真诚的赞美也可以很平实，比如："你的衣服让你看上去很精神！"直接描述你真实的感受，这样做比刻意谈论自己不了解的话题，要坦率得多，也可爱得多。

赞美女性的时候还需要注意一点：不要随意点评连她自己都不觉得有什么特别的地方，这样会显得刻意寻找话题，有讨好别人的企图。你应该赞美她的良好审美、细致的心思，以及为美丽付出的努力。你就是要发现她的与众不同，这是懂女人的表现，比如：特别的首饰、独特的服装风格、精心修剪的指甲，或香水的气味。

● **话题开场白：情境切入**

简易度：★★☆☆☆

成功率：★★★★☆

泛用性：★★☆☆☆

从情境切入的话题很适合与静止不动的女人攀谈，尤其在封闭环境内，比如书店、咖啡馆。这样的搭讪自然、友善，你也不会因为太做作而吓到女生。

善于观察的男人在恋爱中会获得绝对优势。通过观察，你可以抓住一些有趣及特别的事情来展开搭讪，这会给女人留下浪漫的回忆。

努力发掘不寻常的事情，抓住这些机会跟女生展开话题。不需要惊天动地的大事件，搭讪的话题最好简单有趣。如果在酒吧里见到一个男生穿着奇装异服，你可以随口侧身跟周边的女生说："这年头怪叔叔还真不少啊。"如果她给你回应，你可以微笑地接着说："我觉得像你这种小萝莉应该会是他喜欢的类型。"

很多社交场合都会有些独特的地方，特别大的鱼缸、夸张的街头表演等都是好话题。你可以抓住这些亮点，跟女生搭讪。

另外，如果实在没什么有趣的事情发生，你又生怕她转身就走了，也完全可以以她当下的状态，或正在做的事情打开话题。

"你在等朋友吗？""你一个人来逛街吗？""嘿，你好，这本书好看吗？""你走路的姿势很优雅，你以前学过跳舞是吗？"

● 话题开场白：微博/微信分手

简易度：★★★★☆

成功率：★★★★★

泛用性：★★☆☆☆

这是我早几年最得意的一个开场白，经过多位男士共超过 200 次的测试，表明它既简单又有效。

有一晚，我在一家咖啡厅喝东西的时候，看到手机上一个朋友用微博给我发私信，讨论他该用什么方法和女朋友分手。这时，正巧一个女孩子在我身后的座位坐下来。我自然而然地征求了她的意见，我们聊得很开心。事后，我觉得这个话题很适合用作静止环境的开场白，就分享给了朋友们。具体对话如下：

男："你好，我有一点小麻烦，想问问你们女生的意见。你觉得用微博（或者微信）跟别人分手，是不是好损？我说的是私信和别人分手。"

女："这样不太好吧？"

男："其实我也觉得这样不是很好，但我朋友一定要这样跟女朋友分手。我该怎么跟他说才好……"

女：（说了一些自己的意见）

男："是这样的，我朋友上个月认识了一个女生，刚刚开始的时候，觉得她非常优秀，不管是外表、学历，还是事业。但是慢慢地，发觉她的控制欲非常强，喜欢翻他手机，干涉他的社交生活……所以他觉得应该跟女朋友分开，趁关系还不算深。假设你的男朋友用微博跟你说分手，你会觉得怎么样？"

女：（说了一些自己的意见）

男："你以前是不是也经历过类似的事？"

女：（聊了聊自己）

男："哈哈，看来你感情经历蛮丰富的哦。"

女：（聊更多自己的生活）

现在越来越多的人使用微博、微信，而且女生都是喜欢八卦的，这个话题非常容易建立共鸣。据我个人的经验，这个惯例非常有效而且有渗透力。

唯一要注意的是，在对方的谈话热情提高后，使用者必须顺势把话题转移，不要老是纠缠在这个话题本身。在聊天的时候，你需要展示出自己并无恶意、友善随和，你只是跟她闲聊，而不是有什么奇怪的企图和癖好。

● **话题开场白：**"谢谢你！"

简易度：★★★★☆

成功率：★★★★☆

泛用性：★★★☆☆

我刚回国时参加了一个庆功派对，当时有一个很辣的女生，很多男人都在围着她团团转，可能也是这个原因，那个女生看男人的眼神也特别冷淡。我那天忙着认识新朋友，经过她身边时，刚巧被空调冷风吹到头，突然灵光一现，于是就有了这个开场白：

男：谢谢你。

女：什么？

男：谢谢你。

女：为什么谢谢我？

男：我觉得这里很热，但你眼神很冷，站在你旁边一阵凉意，所以谢谢你。

女：哈哈！

"谢谢你"是一个非常有趣的开场白，适合在社交场合搭讪女人，特别是在酒吧。因为这和一般的开场白不同，它能瞬间引起女生对你的好奇心，尤其是高冷的漂亮女人，日常生活中已被无数次搭讪，更别提在场每个男人都想请她喝一杯。这种类型的女性说不定早已对搭讪者心生厌倦，所以用全新的角度来开场会给她惊喜。

● **直接开场白**

简易度：★★★★☆

成功率：★★★★☆

泛用性：★★★★★

很多时候你遇到感兴趣的女性，她们可能正在赶往登机口；也可能是在去见朋友的路上；也许，那个匆匆忙忙赶路的人是你。很多情况下，并没有足够的时间供你开启话题，错过之后说不定此生都不可能再遇见，那还不如把握机会，直接上前，看能否交换一个联系方式，这样之后没准你们还有互动的可能性。

这时候你就需要"直接开场白"了。你只需要告诉她你觉得她是你喜欢的类型，所以想认识她。一个典型的直接开场白应该有三个部分：

（一）

男："请等一下。"

女：（看见你并停下）

男："我想过来认识你一下，因为觉得你挺可爱的，是我喜欢的那种类型的女生。"

（二）

男："这里是北京，漂亮的女生其实还挺常见的。但我不知道你朋友有没有跟你说过，你长得还挺友善的，而这就有点罕见了。"

女：（给你回应……）

男："虽然这样说出来有点土，但你真的有点面善，我们可能见过，但我又想不起来了。"

女：（给你回应……）

（三）

男："嗯，很高兴认识你。因为咱们都在赶时间，但我真的希望以后有机会可以再好好认识一下。（掏出电话）你号码/微信是什么？"

女：（给你回应……）

男："很高兴认识你。"

由于时间很紧，这是一个简化版的"三段式搭讪"。（一）部分为开场白，直接表明来意。（二）部分为简单的情境沟通，关键在于告诉对方你想认识她的理由，表明你没有恶意，也没有向她推销什么东西。（三）部分顺水推舟，交换一个联系方式，以便以后有机会可以继续互动。

如果你和她之间有些什么物理阻碍，克服障碍的时候会引起她的注意，那么先知会一声，能显得你来意更为友善。比如在咖啡店，如果你们中间隔了一个座位，你可以用这样的开场白：

男："请问这椅子有人坐吗？"（询问女性前面的椅子）

女："没有人，你可以拿啊。"

男：（直接坐下来，微笑，她会惊讶地看着你）"我看你挺可爱的，所以想认识一下。我叫×××，怎么称呼你？"

…………

值得注意的一点是，如果想在之后的互动中得到更好的回应，最好的方法是在交换联系方式之后，继续聊几句，因为你们之间的沟通越多，她越不会后悔给了你联系方式。

● 多人组合开场白

简易度：★★★☆☆

成功率：★★★★☆

泛用性：★★★★★

如果你想要搭讪的目标女性跟她的朋友在一起，你直接上前跟目标说话，在很大程度上对她的朋友来说是一种冒犯。这种行为表示你并没有尊重其他人的存在。没有考虑她的处境就直接搭讪会令她非常紧张，甚至因此对你产生反感。毕竟，就算她对你有好感，也不可能忽视身边好朋友的存在，直接与你在公共场所调情。所以，你这样做只会把她推向自己的朋友们，朋友们会默认她在求救，主动帮她解围，把你阻隔开。

面对多人组合时，最好的策略是首先获得朋友们的允许，然后再跟目标女性说话。他们人数越多，对你的抗压力和她随机应变能力的要求就越高。

你可以先和她旁边的朋友打招呼：

"你好，我可不可以跟你的朋友认识一下？因为我觉得她是我喜欢的那种女生。"

如果你给人的印象看上去没有威胁性，打扮得干干净净的话，作为目标女性的朋友，她们很难拒绝你。因为于情于理，这件事的决定权都在目标女性本人。除非情况特殊，否则朋友们的反应通常是：

"你想认识她的话，跟她说就好了嘛。"

这时候，没有社交直觉的男人还真的会转头过去直接跟目标说话。这种做法依然会引致目标紧张，让她非常不自然。毕竟女人是不习惯在朋友面前跟陌生男人调情的。

聪明的做法是，你的眼神始终停留在朋友们的身上，对他们说：

"其实没关系，这也不是什么不可告人的秘密。我只是刚刚在那边看到你们走过，觉得你的朋友看上去就是我会喜欢的那种女性……"

这时候，因为你的眼神没有死盯着目标女性，她相对来说不会那么紧张，而且她可以更加轻松地观察你，以及听明白你所说的一切。同时，因为你的开场白一直在与朋友们沟通，对她们很尊重，所以她们对你的第一印象会有加分。简单交流后，再开始与目标的直接交流。

对朋友们："……那么，我能和她单独聊几句吗？大概一分钟就好。"

如果他们同意，会为你们腾出空间。你可以开始与目标进行情境沟通，比如：

男："这里是北京，漂亮的女性其实还挺常见的。但我不知道你朋友有没有跟你说过，你长得还挺友善的，而这就有点罕见了。"

…………

情境沟通与交流基本信息

鼓起勇气开场是男性魅力的展现，接下来你需要开始进行真正的沟通，显示出你的"可得性"，并同时对双方的关系做出基本的投入。

一般搭讪开场以后我会先交代遇见她的背景，告诉她想要结识她的原因。这里的重点是，要说明你对她感兴趣的原因不仅仅是她的外表，你需要描述出当下感觉。你甚至可以告诉她，你感兴趣的是一些她不那么自信的地方，但要注意修饰用词。

例："我正赶着去见一个朋友，刚才见你走过，不知道怎么回事，就感觉如果今天不能认识你的话，我回到家一定会后悔。我喜欢你不太化妆的样子，我觉得特别可爱。"

接下来是双方背景了解，为什么会出现在当时的那个空间。

例："你是要去见朋友吗？""你也赶着去机场吗？"

让她有足够的空间聊聊自己。接下来，可以聊她表现出来的一些简单的特质。

例："可能刚认识你的人都不会这么说，但你给我一种感觉——你应该是独生女吧？要不就是家里最小的。"

"不知道这么说准不准确，你给我一种神经大条的感觉。你不会是处女座吧？"

保持微笑，让她舒适地与你沟通。不要一直挑起话题，给她充裕的空间来表达自己。她表达得越多，她对你的投入就越多。你越表现出乐意倾听，你的"可得性"也就越高。

我看过很多电视节目和"恋爱秘籍"，都在鼓吹玩乐器、变魔术，还有些人会介绍男女之间可以玩的小游戏，他们期望靠这些小技巧赢得女人心。但是用脑子想想就知道，在刚刚认识阶段弄这些花里胡哨的技巧会显得你根本不像正常人。

"我想认识你，我帮你看一下手相吧，我懂星座和算命哦！"是不是整个人尴尬病都犯了？

女人愿意深入了解你，并不是因为你会弹吉他、聊星座。这些只能引起她注意，但想要在一起更重要的是互相了解。"哇，你变魔术好厉害！你做我男朋友吧！"这种情况基本不可能发生。

在认识阶段，除了交换联系方式之外，交流一下基本信息也是很重要的。如果是搭讪，你应该在情境沟通这一步就交流基本信息。你叫什么？是哪里人？住在哪里……这些个人信息需要在初步认识时就互相了解，才能达成基础的信任。

千万谨记一点，你们是在"交流"基本信息，而不是"质问"对方。"你是哪里人？""你是干什么的？"这种问问题的方式叫查户口，是非常错误的。更好的方式是先介绍自己，然后描述一下你对她的感觉。

例如：

"你给我的印象像是北京人。我是南方人，你听口音也听得出来吧！不过你可能没听说过我家那个小城市，叫作广州。"

"你给我感觉年纪应该不大，1992 年生的吧？"

用这样的形式交换信息，就很好地避免了质问的口气。如果当时的时间不够，完全可以在交换联系方式后，用通信工具来初步交流你们的基本信息，这样你们才算正式认识了。

交换联系方式

如果你们之间已经有了足够的交流，千万不要把最后环节给落下。搭讪这个行为，其目的就是交换联系方式，让双方以后有机会做更进一步的互动。

在最后环节需要注意用语，你的目标是自然地交换联系方式，不要太粗鲁，显得目的性过强。有很多男人找女孩子要号码，总是问"你有手机吗？""你能不能把你号码告诉我？"这种方式太像是索取，因为主语都是"你"，你在驱使他人行动，这样会使自己非常被动。

比较聪明的办法是，将出发点改为"我"或"我们"。"我们"更强调女性的意愿，能表现由单方的行为变成了双方的共识。一个舒服的理由很重要，这样你们交换联系方式就会显得合情合理。她不会回家以后产生"我今天无缘无故把电话号码给了个陌生人"的想法。

例如："我很希望以后有机会和你再见面，留一下联系方式可好？""我们可以互相留一个联系方式，下次有空的时候再好好认识一下。"

女人永远都是我们最好的老师。我曾经在某个记者会上与一个女生刚认识不到几分钟，她就询问我是否单身，这很明显是对我感兴趣的信号。在我离开前，她说："我觉得跟你聊天挺舒服的，我们交换个联系方式吧！下次可以再约出来。"这句话很亲切，于是我也礼貌性地回答她："对啊，跟你聊天挺自然的，以后我们应该会成为很好的朋友。"

其实当时我并没有结交她的想法，回到家想起来却觉得很有趣。如果把这两句话融合起来，完全可以很自然地交换联系方式：

"我觉得跟你聊天挺舒服的，说不定以后我们会成为很好的朋友。我们可以交换个联系方式到时候再联系。"

看似很平淡的三句话，却蕴含了丰富信息量。"觉得跟你聊天舒服"提出一个合理的理由让双方交换联系方式；"会成为很好的朋友"是很好的出发点，你们之间的来往是建立在友谊之上，省却了过多的心理负担，从女生角度来说她也更容易接受这样的理由。

按照之前的流程来操作，最后再加上一句恰当的交换联系方式用语，你要拿到一张与她搭建关系的门票，其实并不困难。

即时约会

我们想象一下有种很好的情况：你们都有时间，心情也很好，外面的天气更是不错。刚才你鼓起勇气去和她认识，她觉得你很有魅力，你们聊得很投机……

光留个电话是不是太辜负这份浪漫了？

如果她很乐意与你交谈，自然地进入了互相认识的状态，这说明，你们之间已经建立起了奇妙的吸引，你可以尝试一些简单的肢体接触。

比如：

• 说话时轻轻拍一下对方的手臂。

• 说"我觉得你的手好软"，然后直接掐一下她的手。

• 提问："你有用香水的习惯吗？"然后闻闻她。

这么做你不但没有损失，还有机会和她擦出火花。本书将这类技巧定义为"确认默契"，可以从一个简单的沟通行为中观察出女性与你之间是否有天生默契，或是愿意为你投入默契。在第四章中我会详细讲解。

如果这些默契她都很配合，那么你们值得延续气氛来一次即时约会。不要继续停留在原地，这会让你们之间的话题枯竭，而且多变的场景也能让你们产生已经认识很久的错觉。你可以直接提出转场要求。

例如：

"要是你现在不太赶时间，我们可以换个地方坐下聊聊天。"

搭讪关键技巧

切入角度

切入角度对搭讪成功率的影响至少有三成。据我们的经验来看，在女性正前方 1 到 1.5 米，以弧线的运动轨迹切入是最适合的。最好的角度是在她正前方 45 度左右的位置，如图 3-3：

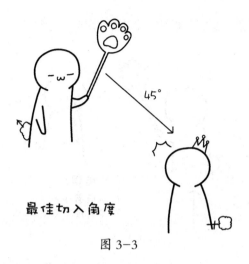

图 3-3

　　在这个角度出现的好处是，你已经在对方的视线范围内，并且不造成任何的威胁。同时，她有足够的时间对你产生第一印象。如果她正在移动，你站的位置会相当有利，她更愿意停下来听你说话。

　　成功搭讪的情况一定是女人停下来和你互动沟通，不可能一边走一边把号码告诉你。要是对方在移动中随口告诉你联系方式，要么联系方式是假的，要么她永远不会回复。

　　你需要注意自己的脚步，那是真正能让女人停下来听你说话的细节。正确的做法是，在切入后，先自己停下脚步，尽量让对方跟随你停下。但如果她没有因此而停下来，就陪着走一小段路，然后将自身的脚步逐渐放慢，直到对方也慢下来停止前进。如果对方没有放慢就重复这一动作，直到双方都不移动，有意义的互动才真正开始。

　　用身体来妨碍对方前进是非常不尊重人的行为。如果走过去用头或者身体挡住别人的行进路线，女人会觉得你带有不正当的企图，对你的第一印象会很差。

男人常犯的错误是，从后方直接切入搭讪，如图 3-4：

常见错误：
1. 从后面切入
2. 没有预留空间

图 3-4

想象一下，突然有陌生人从身后拍你肩膀是什么感觉？从身后切入搭讪，她会有惊异感，这破坏了她原有的舒适状态，她也没有足够的时间对你产生第一印象，所以后面的沟通可能会很失败。

在户外环境，如从后面接近目标女性，最好在 5 米左右的距离先知会她。你可以先叫住她，或者让她等一等。为了尽量让她自然、舒服，距离可以根据环境而调整，同时让她事先能够知道你正在接近，否则开场的时候会显得太唐突。

对于迎面而来的女性，建议先从她身边走过。如果能够有一些眼神交流，那就更好了。然后从前文所提到的位置切入，让她知道你刚刚从她身边走过，这样你回头再想要认识她会显得很合理。然后，就按标准的方法来搭讪。

预留私人空间

与陌生女性开启对话的时候，应该巧妙地选择你的站立位置，避免给对方任何的压迫感。尤其是身材高大健硕的男士，处理此问题时需要更加谨慎。降低这种压迫感的办法其实很简单，你需要尽可能地考虑到她的空间感，适当地调整两人的站立角度。这里有几个原则，具体你可以参考下图。

在户外的广场、宽阔的大街这类空旷环境，女性的空间感会被放大。这是她的本能，如果遇到不安全因素，她可以拥有最多的反应空间。你需要为她预留出较大的私人空间，最好站在最外面的这一环"公共空间"中开始搭讪，然后再慢慢拉近距离。

在朋友的生日聚会、商场过道、咖啡屋内，这类不太宽松也不太紧迫的安全环境中，也需要为女性预留出 1.2 米左右的社交空间，并以 45 度左右的角度开启对话。这样的距离，不会给她太多压力，也不影响对话。

如酒吧、派对、节日庆典这些拥挤的地方，因为人来人往比较频繁，所以每个人的个人空间感会被大大缩小。你可以更靠近对方去互动，但是需要巧妙地处理两人的身体角度。在拥挤的环境下，尽可能与她并肩对话，因为这样对话给人的压迫感是最小的，哪怕你跟她站得非常近。

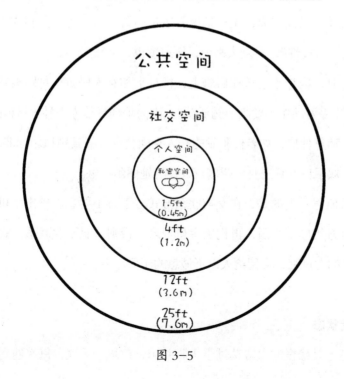

图 3-5

搭讪时的肢体语言

我在前文提到，肢体语言在沟通中比话语占的比重大得多。

搭讪女性的时候，身体动作应遵循"能少则少"的原则。紧张的人的身体动作会很不自然，来回跺脚、捏紧拳头这类小动作在女人眼中都是大大扣分的。人越是自然，身体会越放松，这会表达出你沉稳的心理特质。所以尽量减少没有必要的小动作，甚至不动也没有问题。

大部分男人都会犯的毛病是，一见到自己喜欢的女人，整个身体、头部都会向前倾。或许你自己并未意识到自己会犯这样的毛病，但你可以通过观察其他男人来反思一下，看看自己有没有同样的毛病。

我们的身体语言是很难控制的，它比我们嘴上所说的话要诚实很多，女人很容易通过身体语言看穿你。跟女人互动的时候，你需要有意识地把身体、头部适当往后靠，无论是坐着还是站着。这样可以控制你不会释放出过多的"可得性"，对女人来说，压迫感也大大减少了。

站立时，应把重心放在后脚上，视觉上和女人保持一种距离感。在互动的时候，手臂动作不要高于胸部以上，因为那样会给人一种不自信的感觉。不要将手随意伸展，如若侵犯她的私人空间会令她极其别扭。标准答案是，你可以让双手自然垂于身体两侧，眼神与她偶尔接触。

最后值得一提的是，在交换联系方式时千万不要急着拿出手机来，应该先等对方答应了以后，再掏出手机记录。否则，急于要联系方式的样子会显得目的性过强，会留给人以不诚恳的印象。

情绪状态

饭桌上最糟糕的发言莫过于手脚并用、口水漫天飞，每次遇到这样的发言者我都避之不及。在你搭讪的时候，如果没有把握好相应的情绪状态，得到的回应将有天壤之别。

我们可以把结识女性时的情绪状态简单理解为说话的声调和分贝，假设从低到高分成 5 个级别，1 是最低的状态等级，5 就是最高的状态等级。在不同的环境调节不同的状态等级在搭讪时，用比情境状态高半个级别的情绪状态就好。

比如在星巴克、书店这些比较安静的室内环境，我们可以默认它适合 1 级的状态，如果搭讪女人的话，请控制自己的情绪状态在 1.5 级。因为在这种环境下，不需要很大声对方就能听到你的内容，如果你用了很高的声调，姑且不论是否会被误认为是打劫的，这样做会将周围人的目光聚焦到你们身上，使你们双方都感觉到压力，那你吃闭门羹的可能性肯定大大增加。

户外、街上或者大型购物中心，人们普遍处于 3 级左右的情绪状态，故需要用 3.5 级的情绪状态去开启话题，太小声对方可能听不见，就算听到了也未必知道你在跟谁说话。另外如果是在酒吧或者节日现场，吵闹得不行，必须用很高的情绪状态来开场，否则会被误以为是小偷或者色狼，造成不必要的误会。

此外，你的情绪状态还应取决于对方当时的状态。比方说一个女生在慢悠悠地散步，沉默地想着心事，你唱着国歌去跟她搭话一定会吓跑一村子人；若是想与一组有说有笑的女人搭上话，你却很低沉地接近，很可能直接就被无视了。视乎情况，随时对自己的状态做出调整吧。

态度与用词

无论你用什么态度，有一个原则是必须遵守的，就是礼貌和尊重。这也不仅体现在两性关系的"游戏规则"当中，还更多体现在你日常的社交活动。

见到感兴趣的女人，很少有男人敢真的走过去认识她们，所以搭讪这一行为其实已经很有勇气了。在这么有气势的状态下，男人更应该尽量去用礼貌和尊重的语言来调节。过分强势很可能会因为有侵犯感而招人讨厌。

用词上也需要很讲究。"美女""一起玩"这类用语相当轻佻，最好不要涉及这类有调侃性质的措辞。"希望下次有机会可以出来喝杯咖啡，好好认识一下"比"下次一起出去玩认识一下"就庄重得多。

在初步认识的阶段，宁可保守一些，也不要选择出格的言行。你内心的狂野完全可以交由她日后了解，这时候因为言辞放肆被"枪毙"就太不值得了。

别忘了加上时间限制

跟你一样，其实女人认识男人的时候也会有点紧张。她会有心理压力，怕一个陌生人会黏着她，所以会本能地抗拒和你展开进一步的交流。所以你可以给你们的第一次沟通加上一个时间限制，提前卸下她的担心，能有助于她更放松地与你交谈。

你可以一开始就告诉她：

"我只有一分钟的时间，但我真的很好奇……"

"我刚巧经过这里，正在去见朋友，不过……"

"我朋友在那边等我，但是我觉得你……"

…………

你不一定要掐着一分钟马上就离开，这些时间限制只是用来卸下她的心防。如果聊得很开心，放下手头的事情与她一起去喝杯咖啡有何不可？

除了语言，通过身体语言来表达你即将要离开的信号也很方便。比如一边说话一边把身体和脚尖向外，让她觉得你潜意识好像正在赶时间要离开一样。而且，这种身体语言所表达出来的信号往往比你说的更加可信。

发散式对话

为了避免过度消耗一个话题，你最好在任何时刻都保持多个话题同时进行，我们把这种对话方式称为发散式对话。

千万不要把一个话题榨干，然后再尝试去开启另外一个对话。这样的对话方式太过直接，以理性主导的对话不利于情绪交流。跟喜欢的女性说话就该像幼儿园小孩间的对话一样，应该东聊聊西扯扯，同时保持多个话题，来回穿插。

这样可以让女生感觉更有熟悉感，就像跟老朋友一样漫无目的地聊天，而不是查户口般目的性很强地对话。

案例：一次成功的三分钟搭讪

男：你好，请等一下。

女：（停下脚步）

男：放松，我没恶意的。（微笑）

女：（微微笑了一下）

男：我过来是告诉你刚刚见到你经过，（停顿，和女孩眼神对望）我觉得你应该是我喜欢的类型，所以我过来了。我叫 Tango，你呢？（在自我介绍的同时伸出手）

女：（握手）我叫李米，叫我米米就可以。

男：你的名字很好听，真高兴认识你。（停顿，看了看女孩的眼睛）我觉得自己这么做其实挺唐突的，但我实在想不到更好的方法和你认识了。

女：（微笑）你还挺老实的。

男：听你口音应该是北京人吧？

女：对呀。

男：是土生土长吗？

女：对呀。

男：那吃了你我就可以很北京了。（微笑）

女：哈哈，好可怕！

男：我是广东出生的，你去过吗？

女：没去过。

男：我是地道的广州人。（微笑）你一个人在这儿是……

女：噢！我约了朋友吃饭呢！她们还没到，我等了好久了。估计还在折腾化妆什么吧，可把我急死了……

男：其实我今天也约了个朋友在这边见面，我一般习惯早到一点点，所以就早点过来了。之前从没来过这儿。

女：广东是挺远的。

男：我在北京住了有两三年啦！刚刚逛了一下，发现在二层那里有一家很不错的甜品店，虽然不是很喜欢吃榴莲……

女：啊！在哪里？我超级喜欢吃榴莲的，虽然很臭，哈哈。

男：北京女孩都像你这样吗？

女：我怎么了？

男：我觉得你特别自来熟，像跟你认识很久了。

女：是啊，我朋友也经常这么说我。

男：我觉得跟你聊天挺舒服的，或许以后我们会成为很好的朋友。我得走了，希望下次有机会可以再跟你好好地认识。

女：好。

男：但我不知道下次什么时候我们能再碰上，不如我们留个联系方式吧！回头再联系。

女：（掏出手机，交换了联系方式）

男：下次请你吃榴莲。

女：哈哈！好。

男：你是不是也特别喜欢吃香菜？

女：才没有，我也一点都不喜欢吃大蒜！

男：完全看得出来。

女：这你都信。

男：对了，问你个问题……

女：什么？

男：你是单身吗？

女：对呀！怎么突然问这个？

男：没啥，我只是完全看得出来。

女：哈哈！

男：好了，不跟你说了，我们回头一起吃榴莲吧。

女：嗯，拜拜！

男：拜拜！

最棒的技巧，就是不给她拒绝的机会

不像偶遇的偶遇才是最理想的状态

在这里分享一个我最近特别喜欢的互动模式，这方法特别适合那些在社交场合有搭讪焦虑的朋友。简单来说，这方法可以分为 3 个步骤：交集、撤出、再遇。在详细分析之前，我想用两个简单的案例来说明一个概念：看上去不像偶遇的偶遇才是最理想的状态。

案例一

2012 年 2 月，我与"杂耍人"韦恩·伊利斯一起在北京举办了一次派对，地点位于银泰的秀吧。因为周末人异常多，这里需要收取门票，每人 150 元。在门口，一条铁链把人群分割成两边，一边是正常买票的队伍，因为要控制人数，工作人员要等一个人出去了才能让别的人进去；另外一边是贵宾通道，可以让某些在名册上的熟客自由带人进出。

当时，我接到电话出门接两个朋友，这样他们就可以刷我的脸，不用排队等候也不用买门票了。他俩进去后，我在门口看到有三个长得非常漂亮的女生在排队。（这里又验证了一个规律，漂亮女生身边的女生都很漂亮。）

我随口说了一句："真扯，给他们钱赚还需要排这么长的队。"

她们有点尴尬地回答："是啊。"

我微笑："你给钱我带你们进去吧。"

其中一个女生认真了："啊，那多少钱？"

我："每人 200。"

她们都笑了，因为门票正价才 150 元。

"走吧。"没有等她们回应，我轻轻拍了一下一个女生的头，然后直接转身走进去。

她们跟了进来。

过了安检，我笑着对那三个女性说："今晚很高兴认识你们，我跟朋友在那边喝东西，要是晚点没有安排，很欢迎你们过来打个招呼，我可以介绍几个帅哥给你认识。"听了这句话她们都笑了。

"要是没什么的话，你们玩得开心点！"我转身离开，没有一点留恋的意思。她们三个有点茫然地走到旁边存包去了。

后来一个朋友问我为什么不把她们直接邀请过来。原因很简单，因为我很有把握晚一点她们会和我再遇。她们应该不是这里的老玩家，应该也没有朋友在秀吧，要不然以她们的相貌绝对会有别的男人向她们献殷勤，给她们买票开路。

而且，每一个社交环境只有那么一丁点的地方，都还是封闭的。只要你有心去留意她们，总能再遇见，到时再打招呼也不晚。

随着秀吧里的人越来越多，她们会越来越感到有压迫感。哪怕有别的男人去搭讪她们，邀请她们去喝一杯，这些男人也不可能比我所呈现出来的第一印象好。

大约半小时后，那三个女生再次出现在我的视野范围。她们装得好像在聊天，但我真的相信她们在给我机会再次去认识她们，或者换一个角度来说，是她们想认识我。这次我没有留手，在上完洗手间后顺便上前跟她们打了个招呼，然后慢慢地聊了起来。后来，我发现她们都是在国航工作的空姐，其中两位是单身。

案例二

在上海的"公园97"酒吧，快要进门的时候，我看到一个女生站在门口，应该是在等朋友。我经过她身边，侧身时很有礼貌地说了一句："我觉得你的衣服挺好看的。"

"谢谢。"她有点不屑，应该是觉得我会缠着她聊天。

我补充："如果是深色的话应该更好，会显得你皮肤更白。玩得开心点！"然后我没有回头就走了，没有提出任何要求。

大概过了半小时，我又在走廊上遇到她，很自然地说了一句："哎，又是你！今晚玩得开心吗？"就这样，我们又聊了很久。她后来邀请我去她姐妹那边喝了一杯，当晚原来是她们在为一位朋友庆祝生日。

交集—撤出—再遇

这个模式适用于任何社交场合。不管是 Club、朋友的聚会活动、还是工作上的往来，如果不希望破坏氛围，又想结识心仪的女性，这三个步骤会非常有帮助。

交集

一个眼神交流、打招呼、提问、赞美，都算是交集，用我们之前提供的任何开场白都可以。这个交集不应该太深，互动时间不该过长，蜻蜓点水式的交流已经足够，因为你的目标是将第一印象植入她心中。

有一些交流方式会让后续的互动更加有利。

（1）价值提供。在不显出讨好对方的前提下，给对方提供一些方便，原则是这些便利是不计回报的。比如，给对方开一下门，提醒对方衣服上有点污渍，在人群中给对方开一下路。提供一些有形的价值也行，比如我在案例一中所提到的情况，只不过是举手之劳。最重要的是，一定要尽快主动结束互动，不要让女人觉得你的付出是在向她们下订单。

（2）赞美。适当的时候，别忘了赞美别人，不管对方是男还是女，是美还是丑。女人花了很多时间去打扮，身上总有一些亮点是值得你欣赏的。亚洲人的社会文化有时候太吝啬于对别人的赞美了。当然，如前所说，赞美是有技巧的。首先，赞美不应该是针对她天生的外表，而应该在一些她花了心思的亮点上。简单来说，赞美应该对事不对人。比如，"你长得真漂亮"是一种很糟糕的赞美，因为她知道自己漂亮。相反，"这裙子挺适合你的，看起来比较有气质。如果是黑色的话，会让你看起来更白"，这是一个更好的赞美，同时给她一些实际的意见。

（3）陈述。比如"你平常很少穿高跟鞋吗？"也是一个很好的开场白。通常女生会解释，或者反问你为什么会这样想。她们会很好奇，因为谈论到了女人比较没有安全感的一些区域。你可以简单地回答一句："没什么，只是看你走起来好像很吃力。"这类型的陈述开场白非常适合在开始的时候建立起一个简单的印象。

撤出

撤出其实是整个模式中最重要的一环，但是很少人能够做到。它需要耐心，对环境的准确判断和控制自己的态度。面对漂亮女生的时候，很多男人在得到一些甜头后，就不断地纠缠追击，最终让女生反感。

任何一个社交场所的空间和参与者几乎都是固定的，只要稍加留意，你一定能再遇见她。撤出是为了给后继互动带来更多舒适的感受，不让目标觉得过于唐突。它有助于你调整"可得性"，让女生放松戒备，对你的印象进一步加深。

再遇

再次和她轻松地打个招呼，不管是巧遇，还是你刻意去邂逅她，只要情境合理。就算你给女人留下良好的第一印象，很多时候她们还是不会主动向你打招呼，你必须要在第二次碰面的时候采取主动，不要犹豫。如果你不在第二次遇见她的时候打招呼，第三次碰上的时候只会更尴尬。该出手时就出手，这点非常重要。

"哎，又是你。玩得开心吗？"很轻松的对话足矣。接下来，你需要把

话题切换到两人当下的状态上去。比如:

"你平常经常来这里?"

"你也是跟朋友来的吗?"

简单的交流即可延伸到两人间的话题,然后看情况再做出选择,是交换联系方式,还是进行即时约会。

"交集—撤出—再遇"这个模式应该可以帮助大部分的朋友解决在社交场合结识女性的需要。它不像搭讪那样过于拘泥于一对一交流,反而可以让你在一开始的时候迅速收集一堆熟悉的脸孔,之后再互动。这样同时有利于建立社交认证,让大家知道你是一个社交能力比较强的人。

图 3-6

野兽绅士 让平台变成你的狩猎场

资源永远是流动的，生存价值和繁衍价值也是一样。有资源的人总在思考该如何最大化地利用自己的资源价值。从某一方面来说，相亲就是给生存价值和繁衍价值提供一个流动性的平台，让资源能够更好地分配。男女们带着各自的条件进入婚恋市场，用相亲来完成匹配。

因为相亲看起来非常直白，很多人会觉得相亲是丢面子的事情，所以主办方常常为了避嫌，把它称为"单身交友活动"。其实在我看来，集体相亲可以说是性价比非常高的交友方式，通过相亲，每个男人都有大量机会结识女性。

相亲活动上的女性人群

我之前和一些朋友做过一些统计，总体来说，在一线城市的大型相亲活动上有如下一些规律：

女多男少。女性和男性的比例通常在 6：4 左右，平均起来，每位男性大约有 1.5 个女性可供选择。

相对于男性，女性的平均年龄更年轻，普遍在 25 ~ 35 岁，其中 27 ~ 33 岁这个范围更为集中，而且她们普遍都有一定的经济能力。

整体来说，无论外貌或内涵，相亲活动中的女性水准并不低，所以某些人说"去相亲的女人都长得不漂亮，要不就脾气差"，其实是一种偏见。

相亲的目的

对于相亲，有一点很莫名其妙：如果不带着婚姻目的参加相亲活动，围观群众会对你进行道德抨击。典型的论调就是：去相亲的人只想结婚，他们不需要感情上的愉悦，不需要谈恋爱，不需要亲密感，不需要性……他们只需要家庭，只在乎对方工作是否体面、收入的档次等。这又是一种偏见，把相亲直接看成了买卖。这些都是典型的"非诚勿扰"症候群带来的误导。

首先，有一个概念我们必须理解清楚：所有去相亲的人都是正常人，正常人是有情感需求的。去相亲的缘由林林总总，如社交圈子狭窄或者已经单身了多年，也可能是被身边的人逼迫。但他们有一个共通点——缺乏情感生活。

即使一个人是出于对婚姻的追求而参与相亲活动，并不代表这个人就一定对恋爱、性爱这些人性的本质需求抗拒。婚姻与爱情并不冲突，而是相互兼容的。在我看来，假设你没有经历过恋爱、性爱这些步骤，就把宝全押在婚姻上，那你人生的赌博成本似乎有点太高。

很多人相亲失败的原因正是因为过于急功近利，希望一拍即合。有的男性已经十年八年没有接触过女性了，便满怀希望通过相亲尽快成家立室、洞房花烛。结果刚刚认识不到几天，还没有完全了解对方就提出结婚要求，把对方吓跑，让本来有机会发展的对象就这样变成蝴蝶飞走了。这也是"真命天女症"的一种体现。

对于双方来说，婚姻都意味着生活的全方位接轨。你们的生活、资源、未来等，都有了承诺作为纽带。除了相亲以外，基本上很少有人是在一开始相处的时候就以婚姻为前提的，而且我也不建议这样做。这对双方来说，都凭空增加了太多的压力和枷锁，让关系无法健康发展。以前说"不以婚姻为目的的谈恋爱都是耍流氓"，在 21 世纪，一开始就以婚姻为目的的关系，可能才是真正的耍流氓。只有理性地去面对男女间的"游戏规则"，循序渐进，一段感情关系才有可能走得长远。

相亲技巧有规可循

相亲活动的主办方通常都会很贴心地安排好一系列活动来给每一位参与者与异性制造邂逅机会。但这里牵涉到一个问题，如果每个人都有相同的机会去和异性交流，我们又该怎样突出自己呢？这正是本节的讨论主题。

首先，你要了解活动的流程安排。相亲活动主办方会制定一个主题来安排一系列的活动让大家参与，用意是活跃气氛。按时位置轮换、玩游戏、自助餐等，都是常见的活动。快速相亲最常见的一种方式就是给大家十分钟去和其中一位异性交流，然后换人继续。

女生在相亲活动当中通常会被安排为被动的一方。她们会被安排坐在特定的位置，然后每两位女性之间就会有一个空位预留给即将到来的男性，形成男女间隔而坐的氛围。然后就是互相介绍、聊天、交换联系方式……想在这种环境下给对方留下良好的印象，并展开进一步交流沟通，必须要有一定的技巧。

集体相亲的大致流程如下：

想要在游戏中获胜，必须先熟悉游戏规则。虽然不同的相亲会有不同的流程安排，但大体上，你都可以把它简化为四个主要的环节。

1. 进场。

刚刚进场的人需要排队签到，签到后会有一段时间让大家互相认识聊天，熟悉一下环境。

2. 预热。

随着主持人宣布活动开始，大家都要找一个地方坐下，并分出一个个小组，围成一圈坐下。通常，主持人为了营造气氛，让大家放松，会安排一些小游戏让大家参与。然后，随着主持人宣告大家开始互相交流，所有人就会正式进入相亲环节。通常会将 10 位女性安排成一组，围成一圈坐着，每两个女人之间会预留出一个位置给前来相亲的男人。同等数量的男人也将被安排成为一组，在接下来的几个小时里，他们会随着主持人的要求在不同的女性小组中轮转。通常男女小组每次会有 15 ～ 20 分钟去交流，以及交换联系方式。

在这个谁也不认识谁、人与人联系感比较弱的社交环境中，大部分人在刚开始的时候会感受到社交压力。所以，男人在这一个环节中所采取的策略都会比较保守和被动，女性往往特别矜持。

3. 主动。

在大家逐渐适应这个节奏，变得更加主动积极，有更多话说的时候，男人和男人之间、女人和女人之间的竞争会越来越激烈。在这个时候，总有些男人希望用亢奋的情绪状态去展现自己，有些男人则会故意装腔作势，这些都不是聪明的策略。

4. 麻木。

跟着主办方的节奏，每个人在与异性单独沟通的过程中会不断重复相同的对话，会感觉越来越无聊。随着时间接近尾声，男人们会一拥而上围住外貌相对出众的女性，排队塞给她们小纸条和名片。到最后，为了让所有人至少有一点点机会，主办方会倡议所有异性间相互交换名片。

在这个阶段，大部分女性会变得越来越麻木，特别是那些长得漂亮的。她们在一个下午可以收一两百张名片，而除了一群怪叔叔外，大部分的男人都没有给她们留下深刻的印象。比较有耐心的女性会等活动正式结束后才离去，而觉得不耐烦的女性其实早就逃离了现场。

相亲现场，必须占据先机

大部分的男人在参与相亲活动时，需要经历一个热身的过程。但是要注意，热身的过程不能太长。

在这种集体相亲中，大部分人的安全感都不高，因为都是陌生人。某些女人还会觉得去相亲是一件比较尴尬的事情，你要意识到她们的心理包袱。基于这种种原因，在集体相亲时，能够比别的男人更快结识异性是你需要掌握的首要技能。

没有技巧的男人在刚开始的时候会先东张西望，看看人群中是否有自己喜欢的女人。这是非常糟糕的行为，过多的观察会让你暴露过强的目的性，因此使得你身份大降。

女人在活动刚开始的时候，她们会处于一种既期待又紧张的心理状态。此时与这些女人攀谈会有意想不到的效果。她们相对会比较有耐心，而且更友善，更乐于用心交流。你要做的是趁女孩子们还处于不安、焦虑时尽快出手。

在活动尾声，女人们的应答越来越敷衍了事，随着女性在活动过程中不断被搭讪、讨好、重复提问、交换联系方式，她们会变得越来越不耐烦。其实在相亲活动中结识女性最有效率的时间是活动开始前半小时（大家在排队、登记、闲聊时）和活动展开后一小时内。

通常来说，进场和预热这两个阶段是最高效的环节。因为这时候的竞争者比较少，秩序比较好。别的男人在开始的时候往往承受不了社交压力，会表现得非常闭塞别扭。而在这时候开始与异性交流，你会鹤立鸡群，如果你也觉得有点焦虑，我建议你在进入会场前就先和三五位陌生人聊聊天，当作热身。无论是在街上搭讪几个女生，还是跟街角小卖部的大婶聊聊天，都会有助于你更早进入到健谈的状态。

如果在进场时遇到能看得上眼的女性，你不能犹豫，应该立即找机会和她展开互动。等相亲活动正式开始的时候，你会发现很多让你感兴趣的女性身边会有位置空出来，而别的男人却没有上前。这种奇特的现象和前文提到的"搭讪焦虑"不无关系，这些女性的魅力让男人产生了压力，而这种不愿意冒风险的心理状态会让男人不断踌躇，甚至宁愿放弃认识这个女性的机会。

你还会发现，每当一组男性接近一个新的女性小组时，男人们都会先站着徘徊，犹豫一会儿。一方面，他们是在挑选目标，看看哪一个女人符合自己的要求；另一方面，深层次的原因是因为他们意识到同组的男人们也有同样焦虑，都在等待出头鸟行动后自己再跟进；同时，这里还有一种侥幸心态：希望别的男人出于焦虑去选择自己不太感兴趣的女人，然后自己就可以"迫不得已"地跟自己最感兴趣的女人坐到一起。

所以，不论是在入场排队，活动的过程当中，还是去洗手间的路上，看到合适的女性你都应该上前搭讪，这是相亲活动的基本技能。记住一点，在场所有人都付了钱，而且还花了时间来这里，目的就是为了能够认识一位合适的陌生人。男人和女人之间没有任何目的上的差异。每当你见到喜欢的女人身边有空位，那你得赶紧了。记住，你不主动，别人主动。

如果你需要一个公开的自我介绍

在某些活动当中你需要向所有人做一个简单的自我介绍。好的自我介绍需要用最间接的方式把自身的生存价值和繁衍价值展示出来。每个人都在用自己的闪光点吸引异性，如果一个人没有任何值得被欣赏的地方，那么他又凭什么值得被爱？

你需要事先准备好一份公开的自我介绍。不要罗列自己的工作、收入、身高、三围，这些东西太枯燥了。我建议你从自己的一个故事开始，带出自己的生活、爱好，最后赞美一下在座的女性（如果在之前有过沟通那就更棒了）。如果没什么自信，可以先打好小抄，实在紧张得说不出话来时，可以将这份小抄拿出来看一看，但是只有万不得已的情况下才能这么做。

我们可以把自我介绍表达得详细点，是喜欢打球还是户外慢跑，游泳还是瑜伽？喜欢看电影的话，最喜欢的导演的作品是什么？最喜欢的演员呢？喜欢看书的话，最喜欢的作者是谁？喜欢做菜的话，什么菜最擅长？常去的餐厅是哪家？这些都是很好的话题，能给女人留下良好的印象。

形容自己的职业时，"我是 IT 男""我从事旅游业"，这样的介绍容易让别人对你有成见，不如描述自己的职业特质或者成就。比如，如果你是财务专业，可以说"我对数字敏感，心算超级厉害"；从事电子商务，可以说"我每天都会将货物送往全球各地，所需要做的事情只不过是动动手指头"。

我以前曾经主办过一些单身派对，在活动中规定大家只能用三句话做自我介绍，并且不许说数字、不许报公司的名号，结果得到了很多有趣的答案。比如一位男士自我介绍时说："我是搞 IT 的"，大家都觉得索然无味。我进一步引导他："你具体每天是做什么工作的呢？"他开始兴致勃勃地聊起自己如何设计一台手机。后来的一次单身派对上，他的自我介绍闪亮登场："我设计未来的手机！"现场十几个女人的眼睛齐刷刷地亮了起来，他成功吸引了所有人的注意。你看，好的自我介绍有时候只需要简单的一句话。

相亲活动中的有效开场白

见到心仪女性之后，只要保持轻松有礼的态度，通常她都会愿意与你对话。

案例一：

男：你好，我可以坐下来跟你聊两分钟吗？（微笑）

女：可以啊。

（她付钱来这里，不就是为了和你认识的吗？）

男：很高兴认识你。我叫陈小明，但朋友都叫我 Tango。我该怎么称呼你？（伸出手，示意握手）

女：我叫艾米丽，很高兴认识你。

男：怎么样，有没有遇到你喜欢的男生？（友善，带一点点坏笑）

女：哈哈！（聊了一些自己的话题）

男：不然我给你挑一个适合的？你看那个秃头的叔叔，我看他还挺稳重的。

女：哈哈！（通常会爆笑）

案例二：

男：有碰到喜欢的男生了吗？

女：还好，再看看。

男：那很正常，我们都还没认识。（微笑）

女：哈哈！

给参加相亲一个合理的理由

正如我们之前提到的，过多的可得性会直接降低你的吸引力。很多男人在相亲的时候会不断地灌输一些信息给女人：我已经单身很久了，因为之前努力工作忽略了感情，现在年龄大了爸妈催婚所以想找个老婆……这是一种最失败的表达，这样的描述会削弱自身的吸引力——他们单身是因为他们有"质量问题"。想要避免第一印象就"掉半管血"，你需要给自己构建充分的背景，它得合理地解释为什么你今天来这里相亲。你要让女人们认为你是一个有选择的人，而不是一个情场上的"剩者"。

一个好的相亲理由可以展示你最能吸引人的特质，其中可以包括能够打开吸引力开关的元素，比如生存价值、预选、社交能力等等。

案例：

男：其实我有点好奇，我感觉你这样的女生好像不需要来相亲，那为什么你今天会在这里？

女:（说了一个原因）

男:是吗,哈哈。其实我来之前一直很好奇,到底这里的女生是怎么样的,会不会长得有点特别(坏笑),但我发觉其实大部分女生都非常正常(认真表情),而且还有些其实非常不错,这让我有点吃惊。

女:（对此展开评论）

男:其实今天是朋友叫我一起来的。他人比较害羞,觉得尴尬,而我刚巧有空。其实我很喜欢现在这种单身状态,而且本来也没有打算在短期内找女朋友,因为很喜欢这种轻轻松松的自由状态。但是呢,遇到喜欢的人,谁又知道会发展成什么样子呢？（微笑）

锁定目标

互动一段时间后,你们可以交换联系方式。一个女生在相亲活动上可能会收到超过几十上百个男人的电话或名片,对于大部分男人的印象,她们不是记不起样子,就是弄不清谁是谁。你肯定不希望做这些男人中的一个。

在交换电话号码时,你可以直接问她会不会接电话。除非你让对方很讨厌,不然女生不太可能跟你说她不会接你的电话。我们可以引导她投入承诺,方便以后再次约会。

案例:

男:我觉得你人挺好的,等以后我们都不忙的时候,可以一起去喝杯咖啡,再好好认识一下。

女:好啊。

男:那我们交换一下联系方式吧。你的电话是？

女：（告知电话）

男：你是那种不接电话的女生吗？

女：为什么这样说？我当然接啊。

男：你懂的，我可是认真打电话的男生哦！

女：（笑）

双方在储存电话的时候，可以给对方起一个可爱的称号，你们以后就直接以此相称。比如"特蕾西"，你以后可以称她"翠花西西"。如果她牙齿很白，你可以直接叫她"兔子"。这是一个建立"共谋"增加你们之间联系感的技巧，在第四章中我们会对这些概念做详解。可以提前告诉你的是，再次约会时，这些感受可以帮助你更快速地吸引对方。

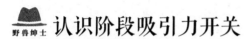 认识阶段吸引力开关

礼貌

中华五千年的道德规范孕育出相互善待的礼貌习惯。对一个男人来说，这样的习惯能很好地体现他的生活背景、受教育水平和性格特质。女人会从礼貌中看到你的闪光点。同时，你对女人以礼相待就是对她的尊重和赞赏。

幽默

幽默本身就是一种生活方式。假如你问一个女生，为什么跟那个男人在一起？你是不是经常听到这样的回答：因为跟他在一起很开心啊。哪个女生不爱逗她笑的那个人，这就是幽默的魅力。幽默感是一个男人智力水平和受教育程度的体现，同时也能够传递出乐观、向上的心理状态。

感染力

感染力体现着你对周围环境的影响力，它甚至是一种权力。即使谈论的是很无趣的话题，只要有感染力，听者就会接收到你的情绪，受你影响，为你投入关注。当你成为社交的核心，自然会吸引女人为你侧目。受女人欢迎的男人，都是具有感染力的人，

言谈举止

言谈举止包括你说话时的语气和肢体语言。在认识阶段态度诚恳、亲切，声音大小适宜，语调平和沉稳，在谈话对象涉及一些敏感的、特殊的事情时，应多为对方着想。大部分女性都很在意这些细节，记住，你的一言一行都会暴露出你是个怎样的人。

社交直觉

一个男人是否具有正确认识自己、评价自己的能力，这会体现在他社交时的下意识行为中。你需要具备良好的直觉，不但能利用直觉进行社交，还能读懂他人的情绪，辨别出他人行为的原因和目的，并做出恰当的反应。这样的特质显示你能够在复杂的社会活动中游刃有余，具备很好的生存能力。女人总会给这样的男人很好的评价。

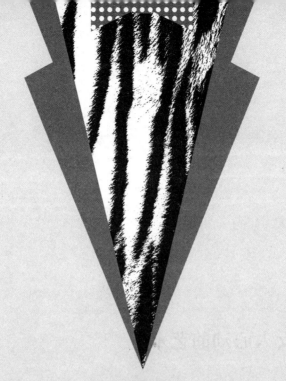

CHAPTER 04

男女互动：在野兽绅士眼中就是博弈

真正的自由是：带着创造性和完善的人格，以超
越传统的方式，自发地与他人、与这世界重新联结。

——埃里希·弗罗姆《逃避自由》

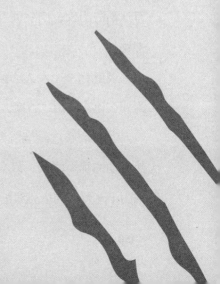

让女人心动的艺术

男人与女人之间的互相吸引，在我看起来，十分奇妙。我们的喜好、偏爱，都与所处环境、社会形态息息相关，所以你喜欢什么样的女人、什么样的女人会喜欢你，原因也非常复杂。有一本书叫《是高跟鞋还是高尔夫修改了我的大脑》，大概就说明了这一点。这样联想起来，两个完全没有瓜葛的男女，突然间互相产生了好感，这件事情简直如同神明创世一样神秘。

要解释一个女人为何心动，就像是解释一个笑话为什么好笑，一首歌为什么让人流泪，答案五花八门，而且几乎没有同一性。

女人动心这件事情太感性了，也可以说，太浪漫了。她们只会注意怦然心动的那个瞬间，只会记起自己坠入爱河的那个时刻。事实上，男女情感由千丝万缕的情感线汇聚而成，心跳回忆只是其中一条发光的线。

我们可以将两个陌生异性一步步走近的过程想象成创作一幅画的过程。第一印象速写出大致的轮廓，为这幅画奠定基础，这更接近于野兽的本能。在第一次接触的相识过程中，对方的外貌和性格特质赋格到轮廓里，这幅画逐渐清晰，也草绘出了背景。从这里开始，你需要掌握绅士的智慧。

你们下面的互动，就是为这幅画描线着色。随着色彩越来越丰富，这幅画越来越令人期待；随着线条越来越清晰，这幅画的未来也就越来越明了。每次女人看着它，都会浮想联翩。主角有什么故事？他在做什么，要往哪里去？他此时的心情是怎样的？我又在这故事之中扮演了什么角色呢……

砰！某一秒钟，她被击中了。这就是心动。

我们可以将每一次互动中擦出火花的诀窍理解为"着色"；将约会、联系的巧妙安排，理解为"绘线"。你的本能与智慧将直接影响这幅画的好坏，左右这段关系的质量。进入这一章，你将开始摆脱世俗男女观念的挟制，真正去理解"野兽绅士"的精髓。

而男女互动的精髓，可以拆解为以下这些关键点：

• 判断对方的兴趣；

• 不过度索求的态度；

• 赢得信任，增强联系感；

• 测试两人之间的默契。

本章将围绕这些关键点，教会你如何用丰富的色彩，让女人被这幅画深深吸引，直至融入其中。

用野兽之眼辨别她的真情假意

从小到大，我听到过男人感叹最多的一句话就是"女人心，海底针"。你到底爱不爱我、喜不喜欢我、对我有没有感觉，这些问题也是追女该的时候男人们问得最多的问题。

首先，请听我一句忠告：直接去问女孩子她喜不喜欢你，基本上是找死！

和表白一样，无论如何回答，对女孩子来说都无异于让她先于你给出承诺。这非常不公平，所以除非你已经知道她非常喜欢你了，否则贸然询问肯定会把她吓跑。话又说回来，如果你已经知道她喜欢你，还问这句废话干吗？

那我们如何知道她对自己感不感兴趣呢？首先，我们需要先了解两个最基础的概念。这两个概念从你认识她到你们在一起，在整个恋爱过程中起着至关重要的作用。

指标的分类

兴趣指标（IOI）

我们都知道，女性通常不会用很明显的方式来表达对男性的好感。她们表达好感的方式比较间接，特别是东方女性，更强调含蓄，就算闷出内伤也绝不肯说出口的。但是，吸引无法选择，一旦被吸引，无论如何掩饰，女生始终会不由自主地透露出对你的兴趣。这就是我们所说的兴趣指标。

IOI（Indicator of Interest），兴趣指标。它指人对人传达出感兴趣的行为信号，可能是有意识或无意识的兴趣表达，通常表现在语言、肢体和态度上。有经验的男人往往能够快速解读女人的行为信号，从而能够不断调整自己的策略去引导关系走向。遗憾的是，大部分男人的经验都比同年龄的女人少，这也许可以归咎于男女的成长经历的不同。

我们通常将女性有意识地表达对你的兴趣的行为称为"显性IOI"，将出于本能无意识地表现出兴趣的行为则称为"隐性IOI"。隐性IOI通常显示出女性更浓厚的兴趣，毕竟头脑可以接受劝告，心却不能，不由自主的吸引往往更强烈。

以下我列举一些可以视作IOI的行为表现。

显性 IOI

• 她对你倾斜着头微笑；

• 她主动靠近你；

• 她与你长时间眼神接触；

• 她主动向你提供便利；

• 她表达出对你的认同；

• 她主动找话题，主动投入你的话题；

• 她触碰你；

• 她问你问题；

• 她赞美你；

• 她和你打闹、挑战你，甚至取笑你；

• 她为你起特别的称号；

• 她问你有没有女朋友；

　　…………

隐性 IOI

• 愿意和你单独相处；

• 你触碰她，她并不反感；

• 她舔咬自己的嘴唇；

• 她抚弄头发；

• 她身体倾向你，膝盖面对你；

• 她站得很近；

• 她比平常健谈；

- 你接近她，她不退后；

- 她不自觉地模仿你的动作和用词；

…………

无兴趣指标（IOD）

IOD（Indicator of Disinterest）是 IOI 的反面，是指女人对你不感兴趣的行为信号。这可能是因为印象不好，又或者是你给了她太多压迫感。IOD 可以体现在：

- 主动提起她有男朋友；

- 她不关注你所说的话；

- 她总是望向别的地方；

- 她的表情和身体语言没有变化；

- 她不愿意投入聊天；

- 她对你很少回应；

- 她身体后倾，不愿意面对你；

- 她不断看手机；

…………

捕捉到这些，你就可以很好地通过她的反应，制定对策。男人需要持续地从女人身上寻找她的兴趣指标。就像开车要看红绿灯一样，女人的 IOI 就等于绿灯，告诉你可以前进；而 IOD 就等于红灯，说明她对你不感兴趣，你需要提起女人的兴趣才能继续前进。

一些需要重点关注的兴趣指标

抚弄头发

几十年以来，研究者对女性面对心仪的男性时的非言语行为进行了分类，其中关于调情的一个重要的分类就是动态手势。动态手势中最让人熟悉的就是抚弄头发。偶尔理一理刘海、拢一拢头发就可能是她释放的一个信号：她喜欢你的陪伴！不过，要是她不停地抚弄头发，也可能是因为她很紧张、不安。

舔嘴唇

另一个女人无意识表现出的兴趣指标是舔嘴唇。这个动作会让你的注意力集中到她的唇上，潜意识是希望你能吻她。你要细心观察去捕捉她的信号。不过，为了避免一些误会我们需要澄清一点：偶尔舔嘴唇表示她对你有兴趣，经常的话可能就是她的习惯了。所以，想和她亲近之前，先搞清楚状况。

玩闹调笑

还记得小时候吧？当你对一个小女孩感兴趣时，总会不断地找她的碴，推她一下、向她扔东西什么的……我们成年了之后又是怎么做的呢？不管男女，他们总会情不自禁地取笑自己在意的对象。并且，对女人来说，取笑实际是测试男人态度的一种方式，这点我们会在之后的"废物测试"章节讨论。

她靠近你

两个人身体间的距离实际是你们亲密度的反映。要是一个女人有意无意地向你靠近，很可能她对你有兴趣，并且诱惑你也向她靠近。靠近不一定是举步走近，她的上身倾向你、膝盖面对你等，都是向你靠近的表现。

投入话题

你爆料一件糗事，她也积极地爆料她的生活，这是一种兴趣指标。因为只有面对自己感兴趣的人，才会想透露更多的私人信息。不要觉得聊"喜不喜欢吃榴莲"这种话题很肤浅，因为正是生活一点一滴的分享才能让你们的人生重叠。

身体姿势

人突然改变自己的身体姿势和朝向能传递重要的信息。要是女人身体斜对你，特别是 90 度转身，她在告诉你："不要接近我！"；双手交叉在胸前，身体后倾，表示对你有所防备。当她想跟你交流时，她的肢体语言要开放得多，比如身体正面对你，手臂放松，前倾靠近你，或者垫垫脚，这些小动作都显示出她对你感兴趣。

模仿你的动作和用词

有人说，模仿是奉承最好的表现形式。当一个销售员想向你推销东西时，他会不自觉地模仿你的动作。要是你摸下脸、扶下眼镜或挪动下身体，几分钟之后，她可能会做同样的动作。为什么呢？因为彼此的联系感增强了！人们总是容易对与自己相像的人产生好感。她摆出和你相似的姿势，或是在对话中模仿你的用词，都是在心理上与你拉近距离的体现。

眼神接触

眼神接触是人类交流的重要形式。反复的、长期的眼神接触主要传达两个意思：兴趣或敌意。后者被称为"怒目而视"，这没有人看不出来。如何根据眼神判断她的兴趣指标呢？看了你一眼之后视线转移了，但几秒后又看了你一眼，这说明她对你有意；看完一眼后，没看第二次，那她就是对你没兴趣。还有，不要怕捕捉不到眼神传递出的信息，因为女人一旦对你产生兴趣，会不断用眼神传递她的意图。

不可忽视的"假性IOI"

《倚天屠龙记》里有一句很经典的台词："越漂亮的女人越会骗人。"

从进化的角度来看，女人天生就会通过伪装出来的IOI吸引男人。社交经验丰富的女人很懂得利用自己的美貌迷惑男人，让男人们拜倒在她的石榴裙下。上钩的男人们最终被贴上"备胎""好人""食草男"等标签，就连碰一下女神的手指尖也成了一种奢望。

辨别真伪IOI最佳的方式是"确认默契"，比如让她帮忙拎一下东西，让她跟你玩个游戏，看看对方是否愿意投入默契，是否真的愿意进一步投入到你们俩的互动中去。如果对方并不投入默契，或者投入度不高，那么之前的IOI可以被当作是假IOI，意味着你需要继续努力。

怎样解读她的兴趣指标?

一个懂得游戏规则的男人，应该知道在和异性交往的过程中寻找两个东西：IOI 和 IOD。女生的所有动作和语言都能解读为 IOI 或者 IOD。

她笑了。→ IOI。

她正对着你。→ IOI。

她触摸自己的头发、脸或手臂了。→ IOI。

她表现回避。→ IOD。

她注意力不放在你身上。→ IOD。

她轻蔑。→ IOD。

她提供了问题。→ IOI。

她不耐烦。→ IOD。

看到了吧，所有的动作反应都可以解读。

如果一个男人连续收到了 3 ~ 5 个 IOI，那么他就可以考虑进一步升级关系，建立精神联系和身体接触，这会在后文中详解。但在这之前，必须通过确认默契去确定这些 IOI 是真实的。如果一直不升级关系，那么最后，女人会认为你"人很好，但只适合做朋友"。

如果女人给你 IOD，那说明她对你的兴趣不高。如果这时再贴上去，就是所谓的"拿热脸贴冷屁股"，后果可想而知。你需要显示"好奇、但无需求"的态度，同时用其他方式重新撬动她的吸引力开关。

野兽绅士 做到"好奇，但无需求"你就赢了一半

"好奇，但无需求"是一种在女人眼中很有魅力的态度，它是指男性通过向女性展现出一种积极的 IOD 来平稳降低自身"可得性"，提升"吸引力"。除此之外，它也显示出一个男人的价值和气场，在男女双方互动阶段一直保持这种态度是提升自身魅力的黄金法则。

"无需求"就是不强求互动结果。一个有魅力的男人会很有自信，他与女人之间的所有互动都发自内心，即便是追求者，亦不索取任何结果。愣头青们对自己心仪的女人常常展现出过于强烈的兴趣，甚至无条件接受对方的一切，痴迷到无法自拔。这种现象，我们描述为"可得性过剩"。一个气场强大、价值突出的男人从不会这样，因为他们有很多选择。即便面对再漂亮的女人，他们的态度也会很自然，不会给对方任何压力。

"好奇"是指你对女人需要保有兴趣和友善的姿态，它是单身男性与女性保持互动的最佳理由。因为"好奇"给予了女性关注，同时平衡了"无需求"，你总不能无视掉心仪的女性，否则你们之间如何继续往来？

破解常见的女性 IOD

通常，一个优秀女性在一生当中拒绝了很多男人，以至于她几乎是下意识地拒绝每一个主动靠过来的男人。她并不会记得每一个拒绝过的家伙，这些可怜的男人在女人眼中都是模糊不清的，如果你用和其他男人相同的方式去接近她，很有可能触发她的自动拒绝机制。

回避

女人一般会怎么对待她们不太感兴趣的男人？一般采取回避态度是最常见的方式。实际上，她们的整个 IOD 策略都是想要"回避"，希望男生能接收到这个信息，自觉地离她远点。

你在跟她说话的时候，她会假装没听见，从而逃避回答。

她会避免和你眼神交流，避免与你靠近。一有机会，她就会立刻走开。

她不接电话。例如，上周约会她放了你的鸽子，她感觉自己做错了事，有所内疚。你这时完全有理由联系她，但这正是她所害怕的——任何人都害怕去解释自己为什么做错事。你主动联系反而会让她感觉不舒服，因此，她会通过不接电话的方式来逃避。

针对她的回避，拥有"不在乎"的态度是很重要的。读完本书，你应该意识到自己需要锻炼如下心态：女人是否爽约、是否来参加你组织的活动等以前在你看起来天大的事情，在现在都变得不值一提，因为你身边还有一大群美女可以一起玩，不管有没有她，你的心情都不会受到影响。

当你传达给女人这样的情绪时，她就会认为这是你一贯的生活方式，就不会从你这里感受到压迫感，自然就不会看到你就想要"离他远一点"。

不耐烦

女人容易发脾气或者不耐烦，也是对你兴趣平平的表现。

比如，她会催促你："好吧，你快点讲，你想问什么？"她想用无礼的态度令你生气，然后她就能以你生气为借口，一脚把你踢开。

这些不耐烦隐含的意思是：你的接近骚扰到了她。她为了避开你而找一个合理的推诿理由，并试图把这层意思表达出来，让你知难而退。

如果有其他朋友参与你们的对话，她就更加有恃无恐地把注意力从你这儿转移开，这样，她就可以"自然而然"地把你忽略。当你试图再次引起她关注的时候，她会"恍然大悟"地发现你的存在。

如果你抱怨她忽略了你，那么在她和她的朋友们看来，你就会显得奇怪且粗鲁，她们就会更不必对你客气了。现在她们更有理由打压你，甚至对你群起攻之，施加压力让你离开。

不投入

女人在拒绝男人时，还经常避开话题让聊天无法愉快进行下去。即便男人精心准备了许多话题，她也只用几个字来回应且语气敷衍。"好的""呵呵""去洗澡"是女神们的一贯伎俩。

她会避免和你过多交谈，使你产生挫败感，因为她不想鼓励你继续说话。一些男人无法应对这样的尴尬，他们会选择撤退；而另外一些男人会变得很生气，反应很大，使自己看起来像个傻瓜。

抵抗

女人拒绝男人时，会表现出一种"不合作"态度。比如你要求她过来帮忙，即使只隔着几米远，她仍然拒绝。比如你问起她最喜欢的颜色，她会说："谢谢，但我不想让你知道。"比如你要看她的手，想要通过解读手相或者变魔术来拉近关系，她会说："真无聊，我不想玩。"

她会通过种种不配合让你的要求看起来很无礼，虽然她才是真正无礼的那个人。

有一种男人，他们有一种"超能力"，就是一旦和女人搭上话，女人立刻就会有"男朋友"。这是男人需求感表现得太强烈，导致"可得性"太多的结果。别妄图把话题转移到她男朋友身上，这个男友可能根本就不存在。只要继续互动，不要过分在意，记住接下来保持无需求的心态就好。千万要记住，跟女生交流时，你所有的情绪都能被对方感觉到。

如果真的想知道她有没有男朋友，可以通过周围人的信息，或者假装不经意地提起："你男朋友也喜欢喝这个牌子的啤酒吗？"

破坏舒适感

女生中断和你的眼神交流，转开话题，转身走开或跟其他人说话，她这是在刻意破坏你们之间的舒适感，将你推开。例如：

用嘲讽的态度表达对你的不认可:"我觉得这很傻。"或"白痴才这么觉得!"

对你所提供的聊天谈资表示不在乎:"管他呢。"

对抗式疑问:"你为什么问我这个?"或"我干吗要告诉你?"

敷衍或转移话题:"为什么你不问那边几位?"或"我不想说,你问别人吧。"

侮辱性言语:"你有毛病吗?"或"你是头猪吗?"

记住,不管她是否表现得无礼,你都不应该给予任何过激反应,不要进入她设定的情绪陷阱。要把她们的负面能量当成空气一样,千万别放在心上。

忽略

你表达了你的观点,但被她选择性忽略,她仿佛没听见你说话。

难道她真的听不见你说话吗?未必。但在这种情况下,如果你重复自己的话题,就会看起来很傻。如果你再三提醒她你在和她聊天,还因为被她忽略而表现出生气,你就等于落入了圈套。

如果你试图挑衅,想要挽回面子重新获得关系的主动权,那么你就变成了舒适感的破坏者,这让她有了更合理的理由把你当作异类,进而拒绝你。

你肯定想问:"怎样让她停止忽略我?为什么她要这样对我?"不!不要问为什么,这种想法本身就是错误的。

如果注意观察,你会发现,女人们每时每刻都在被各种奇怪的人搭讪,这就是为什么她会首先选择做出回避的举动。她已经和太多愚蠢的男人打过交道，这些排斥行为都是女人自我保护的条件反射。每个男人都希望被女人关注，这欲望驱使他们努力争取，想要从被忽略的处境中扭转过来，但这样的争取通常适得其反。真正好的办法是用无需求的态度，转向从其他地方获取社交认证，让她主动来与你互动，而非索取她的关注。

用 IOD 回应 IOD

IOD 是女人们用来拒绝男人的大杀器，同样地，我们也可以把它当成一种很有力量的工具，不仅能建立舒适感和信任，还能传递出有效的价值，激发你的吸引力。IOD 同时还是一种培养默契的手段。譬如，在女人不配合你的时候给她 IOD，可以当作一个小小的惩罚。但千万注意，这种 IOD 必须是积极的。

积极的无兴趣指标很适合用来回应女人的拒绝，能有效降低女性对你的防备心理，这可以帮助你获得良好的回应。

"无需求"是野兽绅士法则里面非常具有杀伤力的武器。它不但可以有效地传递自身价值，利用平衡"可得性"的原理对女性形成吸引，同时还可以建立双方良好的信任。

对女人展示无需求，你先要制造一种"没有计划从她身上得到什么"的印象。这样可以先解除目标对你的防范意识，同时还能避开"障碍人物"对你的干扰，让你得到更多时间和空间去跟女人们互动。

自我排除

"自我排除"意指男性表示自己无意成为女性的潜在追求者。当你进入一个陌生圈子的时候，女人们会对你持怀疑态度，默认你是带着求偶目的接近她们；而自我排除可以有效地帮你解除她们的疑虑。通过无兴趣的语言或者行为，表明你不是一个潜在追求者。

比如，一个女人如果刻意用傲慢的态度来防御你，你可以笑着看她的朋友，然后说："她经常这样吗？"那些总拍她马屁的男人会这样做吗？不会。这就是 IOD 的精髓之处。

记住，自我排除绝不是侮辱别人，只是表达自己对目标无兴趣，让她放松情绪，放低对你的戒备而已。

比如，你做了一份报告，客户说："这报告我看不懂，没有统计具体数据。"这是在否定一份文件，但绝不是侮辱你。

客户说："你是猪啊，一个像样的报告都做不出来，猪都比你强。"这就是侮辱。

女人一开始对你有好感肯定不是因为你让她感到不爽，正确地运用自我排除，能迅速提起她对你的兴趣。

例如：

"我们还是做朋友吧，我们逛街的时候可以互相帮忙拎包。"

"唉，我们永远也不可能在一起……你真的不大会切水果。"

"你是个好女孩，我很坏，你亲戚看到我要吓得坐地上了。"

在初步互动中，自我排除还被用作对恭维的回应，这种恭维通常是假性 IOI。

比如说，一个女人恭维你："今天穿好帅！中山路第一帅哥！"

你可以回答："谢谢，但是其实我一直不知道怎么搭配这种颜色的腰带。"

这样不仅表现了你谦虚的态度，同时也表明了你不因为女人的认可就立刻向对方贴过去。它还是确认默契的技巧，如果女人继续投入话题，找出你外表出众的理由，那么可以断定她在给你真实的 IOI，你可以开始升级关系。反之，如果她改变话题，顾左右而言他，则说明这是一个假性 IOI。

这样的自我排除展示了你的自信，说明你并不介意暴露自己的缺点，因为你足够强大。

提前松手

之前我们提到过"吸引"与"可得性"之间存在跷跷板关系，这给我们的启示是，在没有建立足够的吸引之前过早地向女人展示兴趣，那么她很可能因为你"可得性"过高，导致她感觉不到吸引，对你不抱兴趣。她会产生防御，把你归类到低价值的追求者之中。

有什么办法能让你在表达自己兴趣的同时又能够保持你的吸引力呢？

其实很简单，就是对你发出的兴趣进行"微调"，在她可能因为你的兴趣拒绝你之前，先展现"无需求"的状态。举个例子，两个人建立了足够的吸引，你对一个女生说"我喜欢你"，这就是一个明显的 IOI。怎么修正呢？你要紧接着加入一个 IOD，比如，"但现在我后悔了"。

再例如，对女孩子说："你常常会给人很多惊喜。"然后紧跟着说："我的意思是说，你会在五分钟之内做很多傻事。"

这种技巧叫作"微调"，它可以调节过度显示兴趣带来的"可得性过剩"效应，平衡给女人带来的不舒适感，使她对你的印象偏向于"好奇的人"，而不是"索取的人"。

举个例子：牵女人手的时候，不要只顾着死死地牵着，要根据她的回应来做调节。她是同样握紧你的手，还是有点抵抗？如果她给你退缩的感觉，哪怕是一点点，都应该在她拒绝你之前先一步松开她的手。

这里面的原理是，她对你的回应是退缩和犹豫，这可以理解成一种 IOD，如果你继续努力接近她，不断投入可得性，那么她的 IOD 会越来越强烈，直到拒绝你。在这之前，越快回应给她 IOD，就能越早平衡"吸引"与"可得性"，给你的吸引力止损。

如果你使用得当的话，女生会产生一种被否定的错觉，她接下来就会投入更多的默契，她会更加努力地获得你的关注和认可。值得注意的是，提前松手不应该太刻意，如果你让她感觉到被嫌弃，你会看起来很不真诚，反而失去了吸引力。

所以提前松手应该看起来是无意识的行为，非常微妙。

许多互动都可以套入这个"提前松手"的模式。比如你的赞美过了头，她没有回应 IOI，那么你需要在她显示出不舒服之前展示无需求："你今天穿的裙子真好看，我前几天也看到同事穿着一条一模一样的。"

减少回应

展示"好奇，但无需求"的另一种方法是：给她更少的回应。通过减少对她的投入度，可以表示你对她其实没有那么大的需求，她会说服自己："这个男人很可能只是对我好奇。"

你可以侧对着她，让她正对着你。这样就制造出一种她在寻求更多的认同的感觉。寻求认同的人会具有较高的可得性，而你就有了更高的吸引力。

这也是我们要侧身去搭讪女人的原因。

同样的方法也适用于你们交谈的时候。先通过坚定友善的眼神交流，让女人感到你在关注她，你在认真地交谈，一旦有了良好的眼神交流后，盯着女生的眼睛，慢慢在交谈中移开你的视线，给人感觉就是有点走神的样子。停止谈话的时候，将眼神移回来，继续与她眼神交流，然后再交谈的时候继续慢慢走神，重复这个过程。如果得到的回应较好，你可以增加眼神的交流来鼓励她，反之则减少。你的关注和欣赏应该是给她的正面反馈，而不是用来索取她反馈的筹码。

什么是最佳的鼓励时机？她愿意投入默契，给予你更多 IOI 的时候。比如，当她靠近你，她为谈话投入更多的话题，你就可以给予鼓励；当她努力地给你留下好的印象，那就用欣赏来鼓励她，反之则减少回应。这也遵循着"吸引"与"可得性"的平衡原理。

撤出—提供价值

在一个相对固定的社交场合与异性互动，如果她展现出 IOD，而你又无法给出合适的回应，"撤出—提供价值"就是一个很好的解决方案，利用的是前文提到过的"交集—撤出—再遇"社交原理。

比如你在同城聚会活动上认识一位女生，交谈中遇到阻碍，她对你爱理不理，你可以先礼貌地离开，借口去洗手间或打通电话，再回来之后，不要继续缠着这位女生，到另外一群朋友那边聊天喝酒，继续进行你的活动，如果可以在别人那儿建立起社交认证，你就很有机会重新吸引这位女生，并且令她主动接近你。比如她可能会有意无意朝你所在的方向看，不自觉地与你擦肩而过，甚至主动加入你们的聊天。你的撤出没有让她对你的印象继续恶化，而你在别处建立起社交认证，为整个场合提供了价值，人们都愿意与你交谈，所以她也可以从你身上获得关注，你们重新建立起吸引是完全可行的。

在社交软件上的交流也可以利用这个模式重建吸引。例如不温不火的聊天，应该提前松手，比如"我要去开会""手头还有一些客户资料要整理"，用比较积极的理由提前结束对话，再通过朋友圈动态或微博等其他渠道展示你的价值，有趣的生活总能吸引到她的关注。要知道，女人从来不会轻易给谁点赞。

合理地否定她，而不是刻意打压

对女性的负面反馈，是较重的 IOD。特定类型的女性必须在沟通初期先给予她否定，甚至打压，尤其以特定人群中最稀缺的女性为主。比如在一群宅男圈子中，很普通的女孩也会被众星捧月，她受到太多不怀好意的男人的追捧，所以你在一开始就应该展示出 IOD，而非依据她的反应被动回应，否则你很容易被忽略掉。而若是在探戈舞会上，男舞伴非常稀缺，女性往往得不到足够的关注，应更多地给予她们善意，以免给她留下你恃宠而骄的坏印象。

诚然，否定被关注的女性可以得到她更多的注意，但如果否定不当，反而会适得其反。我有一些小提示，可以帮助你避免变成一个尖酸恶毒的男人：

• 你需要对事不对人的否定，而不是讽刺、嘲笑和侮辱女生。

• 不能拿对方生理缺陷、家庭、朋友、籍贯、宗教信仰开刀。这是为人最基本的礼貌。

• 你否定她的地方应该是她完全有能力改变的，不要嘲笑别人无力改变的地方。你可以否定她的品位，比如她的裙子颜色不适合她的肤色，但请别嘲笑她皮肤粗糙穿什么都不好看。

• 千万别盯住一个缺点，那是初中小男孩的套路。你否定她一次，她可以一笑置之，第二次，第三次……往好的方向说，人家认为你缺根筋，哪壶不开提哪壶；往坏的方向说，人家认为你尖酸刻薄，专门揭别人伤疤，心里给你打上"贱男"的标签也很正常。

• 她在对你展示 IOI 的时候，不要否定她。这就好像一个孩子，兴冲冲拿自己的画给老爸看，老爸却说"我现在正忙没工夫看你的破画"，那这个孩子以后再也不会拿自己的作品给父亲过目了。

• 无视也是一种潜在的否定。一次，我在一个社交场合，发现在场有一个女生明显比别的女生漂亮。我对这女生的态度，就像我对在场每一位一样，对她没有任何特别的对待，对每一位女士一视同仁。对这位美女来说，我的态度是一种打压。因为通常她的美丽可以影响她身边的男人和女人的行为。某些男人见到美女会对她特别好，某些又对她们特别冷淡（因为自信不足）。而我没有被她影响到，她的存在干扰不了我的心态，这对她来说并不多见，也是对她的美丽的一种挑战。

• 注意气氛，别在冷场的时候否定任何人，气氛和谐轻松最好。你既要会否定，也要会赞美，会活跃气氛。否定的过程要有"推"有"拉"。

利用"推拉"微调吸引与可得性

"推拉"是一个男人最基本的武器——释放 IOI 和 IOD 的混合信号，挑起女性的情绪和兴趣。在前面的两性关系公式中我们提到，吸引和可得性就如天平的两端，往往此消彼长。推拉其实就等于你站在这个天平中间，微调它们的平衡。你要让女人时而感觉能够得到你，时而又感觉碰不到你，这种不确定的情绪状态会使你们之间的关系非常特别，她对你的期待也大大超出寻常男人。

推：关系上推开对方，减少可得性。

拉：关系上拉进对方，增加可得性。

你每一个推的行为，都会为你下一个拉的行为预留空间，并制造拉力。女生对这种不可预测性会非常着迷，她无法转移注意力，因为别的事情太无聊了。利用推拉微调，其实就是指把"推（IOD）"和"拉（IOI）"混合在一起使用，胡萝卜和大棒并用，目的是把对方的情绪调动起来。

一旦情绪被刺激，女人会不自觉地把更多的关注放在你身上。她会把这种因你而起的情绪起落，归咎到对你的兴趣，无形中会让你们之间的关系更紧密，更有联系。

举一个例子：

A 男："我觉得你很漂亮，我可以请你喝一杯吗？"（IOI+IOI）

B 男："你看起来还挺有趣的，如果我到了我爷爷的年纪，应该会挺喜欢你的。"（微笑）（IOI+IOD+IOI）

在这个例子当中，A 男没有对他的 IOI 做出调节，可得性释放得过多。而 B 男则显得更加不羁有趣。他首先表示对方看起来很有趣（IOI），但又暗指女人是老爷爷会喜欢的类型（IOD），最后再用微笑（IOI）去调节上一句话所带来的不舒适感。很明显，站在女生角度，虽然 A 男更友善顺从，但 B 男却更有魅力，因为 B 男更能挑起她的情绪。

如何推拉？

在推的时候，你不能对女生个人做出攻击，让对方真的生气。你只需要让她觉得：

- 你有可能会拒绝她（暗示你有更多的选择权）；
- 隐隐地排除她（暗示你有可能不选择她）；
- 否定她某些行为或者特征（暗示你不会选择她）。

在拉的时候，和推相反，你不能明显让她觉得你在争取她，你只需要让她觉得：

- 你有可能会接受她（暗示你有更多的选择权）；
- 暗暗地在验证她，认同她（暗示你有可能选择她）；
- 认同她某些行为或者特征（暗示你会选择她）。

推拉案例："你是哪种动物？"

在说笑的时候，能让女人参与到对话里，比背诵一个段子更有吸引力。好的谈资能马上带动女人的情绪，这些案例非常简单，因为本身带有一点点脑筋急转弯的味道，所以当女人反应过来后都会哈哈大笑。

案例一

男：对了，你知道这个世界上什么动物最喜欢问"为什么"吗？除了人以外。

女：不知道啊，是什么？

男：是猪。

女：为什么啊？

男：你看，又来了。

女：你才是猪啊！

女人知道自己上当以后都会发笑，这就证明你成功了。你可以用手指轻轻碰一下她的鼻子说："你看你的猪鼻子。"

案例二

男：对了，你知道这个世界上除了人以外什么动物最喜欢问为什么吗？

女：嘿嘿，你以为我不知道啊？

男：你一定不知道。

女：是猪，这个我早就听过了。

男：不是。你从哪里听回来的？真奇怪。

女：不是吗？那是什么？

男：是企鹅。

女：为什么是企鹅？

男：你看，刚说完又来了。

虽然女人之前已经听过这个笑话，但是你用另外一种方式再次呈现，她再一次落入圈套，这种再一次落入圈套所带来的情绪也会更高涨。

　　在前期互动阶段，这样的聊天能使双方的情绪大幅提升。讲这个笑话要注意时机，如果在一开始双方还没有足够的吸引力时就使用，女生很有可能只是敷衍一下，没有达到提升情绪的作用。如果你已经吸引了她，这时候她小小地被损一下，反而会更高兴。

野兽绅士 瞬间赢得她信任的冷读术

骗子的哲学：先赢得信任，再开始行骗。我们不学习行骗，但要学习如何赢得信任。

"冷读术"其实是流行了很久的心理游戏。在双方还未互相了解的情况下，通过一些细节观察，你可以模糊地描述出对方性格、心理状态甚至生活状态。大多数冷读都模棱两可，具有双面性和共通性，描述对方能引导她根据自身情况套入到话术中，莫名觉得你的分析很准确。它主要运用了三种原理：

具体化原理：人会自主将笼统模糊的资讯转换为具体实例后再去理解。

补充原理：人会对不完整、不明朗的思维状态不适，下意识地用论据将其补完。

主观原理：人在理解他人的话语时，倾向于将自身代入到话语内容中。

算命就是典型的冷读术。星座、塔罗牌这类占卜游戏也很大程度上利用了冷读的原理。

在男女交往中，合理地使用冷读可以让女人觉得你比其他人更了解她，瞬间缩短双方的距离。冷读并不能启动吸引力开关，但可以帮助你在短时间内获得对方的信任，从而换取更多的时间和空间去建立吸引。

冷读注意事项

冷读的核心方法是"解析"而不是"猜"。在互动中我一直建议男生先表达自己对女生的感受，冷读是一个很好的方式，让你能解析和表达自己对女人的直观感觉。猜测对方的状态不是很好的交流方式，没有合理的解析会让人感觉你说的话只是为了套近乎，并没有真正了解她，显得非常不真诚。

与女性交流时，冷读不能使用太多书面语，类似"即使面临危机，以为已经无望时，最后突然出现贵人来相助，你过去的人生中有好几次这样的经历，经常受到贵人的保护"，这样的冷读会弄得自己像算命先生一样奇怪。你需要的是以一种普通人的角度陈述合理的分析，进行更生活化的描述，因为你是希望和对方交往，而不是让对方交钱。

在冷读时最好加上"我觉得""我感觉"等描述主观感受的语句，这能告诉对方，一切都是你的感受，并非定论，对拉近双方距离非常有帮助。另外，就算你的冷读结果是错误的，也只是你的感觉，你表达了感受，交流的目的已经达到了。和女性的交流毕竟是情绪交流，无论对错。在运用冷读的时候务必要有肯定和自信的态度，否则当你说出来时没有底气，女人只会觉得你的表述不大有说服力。

冷读的方式，通常是先表达你的结论，接下来再陈述论据，让事情看起来真的很合理。比如："你给我的感觉是一个比较顾及他人感受的女人，或许是因为你接触社会比较早吧。"

为了避免看起来像没话找话，每次冷读都需要有一个发起点。对方主动想了解比你自己单方面陈述效果更好。比如，你先提起自己小时候的小故事，然后把对方代入其中，和你分享她小时候的事情，最后，根据她的经历，印证你的结论。总比你跟她说"我看得出你小时候如何如何"要好。

在互动的前五分钟内可以运用的冷读

如果感觉对方是个比较理智、成熟、冷静、稳重的人，多数是家里的老大或者有经历的人：

男：你应该是家里比较大的姐姐吧？

女：为什么这样说？

男：完全看得出来。

女：为什么？

男：因为你说话的时候带着一种天生保护别人的感觉，我觉得你应该是一个比较会体谅人的人，应该会是一个好妈妈。

因为人都有双面性，随着你们沟通的增加，对这类型的人你可以延续这个话题：

"可能很多人在刚开始接触你的时候都会觉得你比较理性，总保持着成熟的一面，但我看得出来其实你挺小女生的，你希望别人多迁就你，多疼你。"

如果感觉对方是个言行比较活泼、单纯、带有一点点任性的女生，多数是家里最小的孩子，或者独生子女：

男：你应该是家里最小的那个孩子或是独生女吧？

女：是的。

男：完全看得出来。

女：为什么？

男：因为你说话的时候带着一种天生被保护的感觉。你平时应该有点小任性，但你的朋友应该都很喜欢你活泼开朗的性格吧。

同样道理，如果你们沟通得更加深入，后续话题里同样可以加入这样的冷读：

"可能很多人在刚开始接触你的时候都会觉得你很孩子气，做事情不够稳重，但我看得出来其实你内里是一个成熟的人，你有很多自己的想法，但是可能怕别人不理解吧，所以似乎很少对人说。"

在相互有一定的了解以后可以运用的冷读

"其实我觉得你是一个感情丰富的人，只是有时候你好像不懂怎么去表达，这会让你身边的人误会你，觉得你不够坦诚。像你这样的人，好朋友应该都特别了解你，会和你关系特别铁，但不熟的人你就会把他们推得远远的。"这句话几乎适合每个女人。这句话能让她感受到理解和接纳。

对于一些外形条件比较优秀的年轻女生，有一句冷读非常适合："不知道为什么，可能很多人在刚刚认识你的时候都不会这么说，但我觉得其实你并没你外表看起来这么自信。可能很多人觉得你条件好，外表也不错，都会认为你比较满意自己。但我看得出来，其实在私底下你常常会怀疑自己，你对自己并没有那么自信。"每个人都有的潜在不安全感，对女人来说这安全感可能更为敏感，虽然尴尬，但你对她不安全感的理解会让她感觉舒心。

她会很希望从你这儿得到更多认同。

当你感觉到对方只是出于礼貌附和你，并不是出于真心进行交流，可以运用这样的冷读："你其实没必要这样，在我面前，做自己就好。"

平时话少的女人，适合用冷读来引导出她更真实的一面："你平时可能比较文静，但我从你的眼睛里能看得出来，其实你也有狂野的一面。你心里住着一只小野兽，但它不会轻易跑出来，尤其是和不熟悉的人在一起时。"

如果感觉到女人情绪不太稳定，或者她看起来有心事的情况下，可以直接陈述："我感觉到你最近好像遇到了不顺心的事情。"

通常年轻女生会特别贪玩，言行比较随意，可能她私底下没有严格约束自己，这一点说不定连她自己也没有意识到。但是根据具体化原理，她会把一些模糊的概念具体化，如果从你口中说出来，她的特点更会被放大："从你的行为看得出来你平常比较随性，但私底下你应该是一个对自己要求挺严格的人。"

经典渐进式冷读

随着你们之间的交流越来越深入，你冷读的内容可以越来越深入。注意，冷读的深度应该和吸引成正比，如果吸引没有跟上，那么太过深入的交流反而会令对方反感。这是一个典型的渐进式冷读过程：

男：你是个跟着感觉走的人，我觉得你挺直率的，甚至有点急性子。而且，可能有些人会认为你做事情不够成熟，有时候有点小孩子脾气，但其实我看得出你有着成熟的一面，你有一些自己的想法。

一段时间的交流……

男：并且我觉得你是个感情丰富的人，只是有时候你不懂怎么去表达，所以会让身边的人误会，但是要好的朋友就会和你关系特别铁。

一段时间的交流……

男：我对你不熟悉，但这是你给我的感觉。我不知道对不对，但在人生当中遇到能读懂自己的人其实真的不容易。

一段时间的交流……

男：而且，有一点我一直没说。我觉得你不太容易相信人，和别人相处的时候会打开一个保护罩。你有点……不大会以真实的自己去面对其他人。很多时候，我甚至觉得你其实并不快乐。

用强大的吸引力把她拉进你的世界

　　雄性孔雀开屏展示漂亮的羽毛彰显自己的魅力，雄性狮子摇晃厚而深色的鬃毛来展示强壮的身体机能……本书前面就提到过，这些都是雄性向异性展示自身价值的手段。自古以来，大部分雄性动物在择偶时展示价值是必然策略之一。而人类在这方面，也有属于我们自己的一套野兽绅士法则。

　　我们在此将正确的展示策略定义为展示高价值（Demonstration of Higher Value），简称 DHV，一切能够显示自身高生存与繁衍价值的行为信息都是 DHV。

　　有很多人问："这不就是我们所说的'吹牛'吗？"

　　有点像，但其实不是。

　　在人类关于两性交往的"游戏规则"里，DHV 是指通过最优化的方式让对方发现你的价值，这才是正确的展示策略。"吹牛"这种简单粗暴的炫耀方式很多时候会弄巧成拙。我们用两个简单例子说明：

- 阿杰在第一次约会中，故意把保时捷的车钥匙放在桌面上，并在接下来的交谈当中，有意无意地向女人夸耀自己在事业上多么成功。

- 林皮和女人的第一次约会，因为他幽默轻松的性格，女人从一开始就觉得很舒服，他们兴高采烈地聊自己的生活。女人发现林皮喜欢攀岩，并因此锻炼出漂亮的体型。林皮也发现女人喜欢户外远足，于是他们约定好一起到户外攀岩，女人相信林皮可以保护好她。

相比起阿杰，林皮的表现更自然，在互相了解的过程中，两人都发现了彼此契合的闪光点。阿杰则时刻在努力证明自己，希望通过外在的东西快速抓住女人。所以你可以看得出，林皮的约会肯定会更成功一点；而阿杰的行为，正常女人会感到非常不适，即便是拜金女也需要忍住这种恶心的感觉才能在他身上掘金。

类似"吹牛"这样的炫耀性策略其实是相对容易的，所以它被很多男人滥用，女人早已司空见惯。日子久了，她们早已学会在心里给吹嘘的男人大打折扣。《花花公子》创始人休·海夫纳不需要证明他身边美女环绕，真正价值丰富的男人，是不会努力炫耀的，他们只需要做自己就好了。

我们把所有在展示价值时错误的行为归类为展示低价值（Demonstration of Lower Value），简称DLV。那些喜欢自吹自擂、希望得到认同的男人其实就是在展示价值的时候选择了错误的策略，于是弄巧成拙，反而显得自己价值很低。我们应该敏锐地避开这些DLV雷区：

- 刻意扮酷，用借口去掩饰缺点，不停吹嘘自己。

- 过于大方和谄媚，努力对他人大献殷勤。

- 你比她更加积极地回应对方，并且索求她的回应。

• 说废话。比如这类赞美："你真漂亮！能跟你在一起的人不知道多么幸福。"

• 跟女人"做交易"。比如："如果这次考试我帮你复习功课的话，你会和我一起出去吃晚餐吗？"

• 太在意她身边有男伴或者男朋友，不断通过展示自己的优点来和她的男性朋友作比较。

• 过早地表示出兴趣，显示出你想泡她。

• 一本正经，过于拘谨，太过煞有介事，唯恐事情办砸。（这最常见于相亲）

• 过度逗乐。记住，不要成为逗大家开心的小丑。

• 对待服务生时显得粗鲁、小气。

• 表现出过度的顺从，事先就假定自己价值低人一等。

• 只会迎合别人。

• 说话语速过快兼有许多小动作，抓耳挠腮。

• 没主见，寻求他人的认同，要求别人做决定。

• 急于解释别人的质疑。

最有效的 DHV 方式，往往并不依赖于男人自己说了些什么。他的态度、行为、社交认证，这些难以伪装的信号足以说明他的真实价值。所以，和女人互动时，别再为说什么话而纠结。你只需思考一下怎样通过最间接、最能折射你真实价值的 DHV 方式来展开互动就可以。

再次强调，非语言的表达方式更加可信有效，因为它们更难伪装。女人更相信间接的 DHV，因为所有人都更相信自己发现的东西。

社交认证、领袖、保护欲、野心、幽默感、活泼、自信、勇气、包容、抗压能力、智慧、直觉以及优秀的生活方式，这些都是你展示高价值的重要方面。本书每一章的末尾都会列出"吸引力开关"，这些都是与此阶段最为息息相关的 DHV，它们会指导你适时地展示价值，用最聪明的节奏去吸引女人。

基于价值展示的吸引力架构

在过去的十多年间，我追寻吸引力开关的源头，逐渐发现其中存在着一定的架构。每一个吸引力开关我们都会在男女相处的各个阶段详细分析，而这个大的蓝图有助于你看清楚自身的优势和劣势，从而制定出最适合自己的策略的野兽绅士法则。

在这架构里，"框架""状态"和"技巧"都是"展示高价值"中的"展示"部分，而"自身价值"就是你的价值核心。大部分人的问题不是没有价值，而是不懂得如何去把自己的价值显示出来和放大，这实在太玄了。成为"野兽绅士"的意义在于：把一个男人的潜能放大，让他的价值得到直观体现，不要因为错误的行为被女性低估。

当然，这里说的"放大"是有一定界限的。的确，有时候我们需要通过"假装"来达到目的。坦诚来说，这是人性，我有时也会这样做。但我希望大家明白，放大是有一个界限的。"假装"可以让男人短期内吸引女人，但并没有解决实际问题。毕竟，我们很难"装骗吹"身边的女人一辈子。出来混迟早要还，而且欺骗女人本来就是难度很高的事情，你要是连游艇都没坐过，又如何去骗人说你有一艘游艇呢？适当的放大是没有问题的，但脱离现实的放大，只会搞砸你的人生！

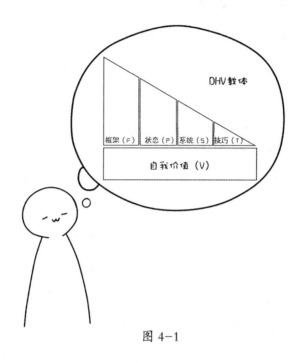

图 4-1

自我价值

如图 4-1，这架构是有层次之分的。最底层的"自我价值"是架构的根本，上面的四个部分都建立在这基础上面。可以用前文提到过的"生存价值"和"繁衍价值"来理解自我价值。

而建立在个人价值基础上的四个层面，都是反射和扩大个人价值的手段。假如一个男人当下的价值为五分，通过一系列恰当演绎，他可以在女性眼中放大至八分，从而增加发展恋情的概率，这也即通常我们说，她在这男人身上看到了"潜力"。相反也是一样，如果对游戏规则一无所知，一个本身拥有八分价值的男人也可能因为各种错误的求偶策略被降低为五分。这也解释了为什么这么多条件好的男人反而讨不到喜欢的老婆。

框架

框架这个词源自 NLP（神经语言程序学），它包含一个人言谈举止背后的潜台词。强大的框架可以反映出一个人拥有很多选择和资源，不需要过度向对方妥协。条件相当的男女，其实就是一场围绕这框架的拔河比赛。女方用废物测试去检验男方的框架，男方反复确认默契去检验女方的框架。展现框架的过程，是向女人证明：这男人有能力为她提供保护。

越美的女人越常受到外界的特殊对待。特殊对待体现在两方面：一、因为美丽，她们常常是男人追逐的目标；二、因为美丽，她们常常是别的女人的打击目标。正因如此，她们天生会强调框架，通过坚持自己的原则，来保护自己不受外界伤害。

在两性关系中，追逐者往往是没有框架的，而被许多男人追逐的女性常常下意识地认为追逐者们的价值低于她自己。从生存繁衍的角度讲，价值低的一方追逐高价值的一方，是合理的动机逻辑。

因此，在没有建立框架的前提下，无论一个男人怎么展示个人价值，都很难吸引到被多个男人同时追逐的女人。框架强大的男人，即便个人价值很平庸，也往往能出奇制胜地打败美丽女人的众多追逐者，因为他根本没有进入这个女人预设的赛道。

状态

我们在这个架构里将"状态"理解为你对"野兽绅士"的执行程度。

以开场白为例子，你说什么内容其实不太重要，重要的是如何演绎。很多人花过多心思寻找一个完美的开场白，期望说几句完美的对白，女孩就会立刻对你产生爱慕，实在是异想天开。内容再好的开场白，要是没有好的演绎，也一定不会成功。因为其中牵涉表情、能量、情绪感染等多重元素。

你的状态比你所采用的技巧更为重要。尤其在互动上，极端情况下你的状态甚至可以代替技巧。我常说的一句话就是，"与女人沟通时说什么不重要，重要的是怎么说"。

我们在前文中提到过，你不但需要给对方留下良好的第一印象，还要在认识女性时控制好相应的技巧，态度上既不会过分索求对方，也不失热情。同时，你还要头脑清晰地判断女性对自己的感兴趣程度、与自己的默契程度等。你们情绪的同步也要交由你掌握。约会的每一个环节、你们关系的进展，都要由你来带领。

控制如此多的变量，不得不说，对你的执行力要求可以说是非常高的。

运动员需要不停地训练来保持自己最好的竞技状态。如果你想要成为一个受女人欢迎的男人，那么也需要时时通过社交活动来保持自己的活跃状态。

技巧

这里所指的技巧，包括开场白、心理测试、笑话魔术等小玩意。

通过不断地使用技巧，人的说话方式会变得非常有吸引力、非常有说服力，这才是核心。因此，我常常将经历了千百次实践的技巧教给学生，这些案例肯定对女人有效，如果没有收到预期的效果，那肯定是表达方式出了问题（表达方式比说话的内容重要得多）。

有些人天生就很外向，可以直接走到女人面前，然后毫无压力地跟她们结识、聊天，甚至不讲话就开始用眼神调情。他们宣扬你不需要使用任何技巧，直接上去做你自己就好。但我要说的是，如果你是有这样天赋的人，你很幸运，请再接再厉，但是你不能想当然地认为所有男人都可以"直接上前，做自己就好"。

当你掌握了技巧的组成要素和表达方式以后，你就可以开始把老段子替换为你生活中的真实的故事。经过社交的磨炼，你会完善自身的肢体语言和表达方式，你的技巧在进化，进化为你自己真实有趣的生活技巧，传递你自己的个性。我一直觉得，这才是"做自己"最好的方式。

对绝大部分情感经验并不丰富的男人来说，不知道说什么，怕说错话，甚至自我封闭完全沉默不语，手足无措，这时候，技巧可以有效解决这些问题。

然而也正因如此，媒体会很重视宣传这类男女相处的技巧，男人们也有点过于投入到准备这些东西上，反而忽略了一个事实：这些小玩意不能独立地打开女人的吸引力开关。这意思是说，在没有自我价值、框架和状态的基础上，它们可能会让女人注意你，但是别妄想女人单凭这些杂耍就对你动心。

预选与妒忌情结，吸引力的捷径

一个男人受众多异性追捧，会让女人觉得他更有价值，与这样的男人交往也更有成就感。女人这样的心态源自一个很简单的逻辑：其他女人已经为自己筛选掉不良品了，这些女人愿意来往的男人，一定都是优秀男人。这种现象在西方被称为"预选"。

你身边的女性越优秀，就越能吸引别的女性来与你建立联系和互动。预选是社交认证的一种特殊形态，能够对女人产生特别强的吸引力。

从我十多年的经验来看，甚至认为预选在认识与互动阶段是当之无愧的吸引力第一大开关。假设今晚你跟一个大家都认识的当红女明星一起出现在某个陌生的派对，现场所有女人一定都会惊羡，她们每个人都会认定你是个大人物，否则这个女明星不可能会跟你在一起。

预选可以体现在你身边环绕的美女、微信朋友圈、陌陌照片墙，以及社交口碑等各个方面。有很多女性朋友为你背书，更多异性一定对你青睐有加。

你或许会担心，一旦女人感觉自己身边美女环绕，是不是会留下你是个花花公子的印象？这担心是完全没有必要的。好男人满大街都是，她不知道哪个是真的，哪个是装的，但有价值的男人可不多见，被别的女性"认证"过的优秀男人则少之又少。有吸引力的男人专一，才算是真正的好男人；没吸引力的男人专一，女人会十分感动，然后拒绝你。如果你无法启动女人的吸引力开关，那么你就算是再"好"的男人都没任何意义。

当你们之间的吸引和联系深入到一定层面时，妒忌情绪会瞬间引爆她对你的感情。很多时候，女人就算对你有好感，也不一定能意识到自己其实已经喜欢上你了——直到她感受到妒忌的那一刻。

妒忌是一种不能自控的感受，女人无法压抑见到你和别的女人互动时的情绪波动。她的情感电路会让她感到其他女人潜在的威胁，她会本能地主动接近你，争取你的认同。当妒忌来临时，只要你展示出愿意选择她而不是别的女人，那么你们之间的情愫就会快速增加。

假如一个女人不喜欢你，她又怎么会因为见到你和别的女人互动而生气呢？如果她已经对你有了好感，但不足以让她扑向你，妒忌只会引爆她的情绪，让她更加明白自己对你的感情。人对失去的恐惧，比对得到的期望更能刺激情绪。罗素·罗兰的《幸福之路》里面有一段话令人印象深刻，大意是："由于妒忌，人不去从自己所拥有的事物中去汲取快乐，却不断从他人所拥有的事物中汲取痛苦……"妒忌是比甜蜜更强烈的情感体验，有了它一段感情才能被称为浪漫。很久以前，我的一位女朋友就曾经为我写过一篇日记，题目叫《吃醋了，但感觉很甜》。

需要注意的是，妒忌情结并不是鼓励你刻意到处勾搭。妒忌情结的核心在于令你受优秀女人欢迎，而不是你敞开大门，来者不拒。给女人妒忌的体验有利于感情升温，而愤怒和恐惧只会让她掉头离去。

将自己的故事变成充满吸引力的谈资

男女互动时的状态，是产生两性吸引的核心。在沟通时，双方展现出来的 DHV，会启动你们之间最初的吸引力开关。我对话术的感情非常复杂，没有丰富的话术实践，很难知道女人对哪些话题感冒，也不会了解什么样的女人对什么样的话题会做出什么样的反应，就算你像我一样伶牙俐齿，一定也会因为表达错误伤害到别人感情。但刻意准备话题是非常糟糕的，不但会令男人觉得这种行为欠缺诚恳，还会因为表达不当，让本来准备好的谈资白费。本章更重要的是帮助你整理清楚谈话的脉络，内容准备好以后，你的谈话可以更自由随性。你的表达建立在充分准备的基础上才能变得更优秀。

野兽绅士
GENTLEMAN & THE BEAST

好奇开场白

我以往的好多学员都有相同的问题："聊天时总是不痛不痒来那么一句，别人觉得好无聊，自己也觉得好无聊。"为什么？因为没有话题啊。先给自己准备一个有趣的开场白，用来开启话题是很保险的。这有助于与刚刚认识但还不是很熟悉的女人建立熟悉、舒适的感觉，适合浅层次的沟通。

公式：罕见＋未知＝好奇

这是一个开关，如果你用罕见并且未知的事物开启话题的话，女人是很容易被引入话题的。前文提到过，穿着会传递你的个人价值，而"新奇"的聊天方式，也会从语言上传递价值，因为你在为这段对话提供营养。

例如："刚才，发生了一件神奇的事情！"

我曾经实验性地给十几个女孩子发送这样一条信息，在 20 分钟之内，我收到了每一个女孩子的回复，"什么事啊""哈哈""你们的生活好好玩""又是这种吊人胃口的招"等回复。

这就是一个"好奇开场白"。同时你可以有其他变体：

"刚才发生了一件血案！"

"刚才我发现了一个惊天大秘密！"

"刚才我遇到一个超厉害的人！"

总之，与你的故事相关的形容词，都可以用。这样，你们就打开了一个话题。

对比一下就知道，"吃饭了没""在干吗"这些开启话题的方式是多么糟糕……

编写你自己的 DHV 故事

浅层次的沟通不需要太多的心灵共振，更重要的是"罕见""未知"。所以我建议你在下面两个范围内取材：旅行见闻和生活中的离奇事件。

步骤一：回忆一个你觉得非常有趣的故事，用一句话写下来。时间、地点、人物，以及怎么发生的。去寻找你记忆中最刺激、猎奇的故事吧。

这个步骤将成为你故事的主干，而丰满它的过程，可以加入枝叶，来引申出你的 DHV 故事。

步骤二：找出两个以上的过渡点，理清故事脉络。这些过渡点可以方便你植入其他故事，以及勾起好奇。

步骤三：补充细节，增加它的真实性。

步骤四：在过渡中加入"好奇"，并用情感润色。

前面我们已经用话题勾起好奇心，你要做的是尽量有趣，让听众投入注意力。获取注意力后，可以要点小心机，在"停顿过渡"中展示你的价值和魅力。

一个 DHV 故事应该表现出自己什么价值？这一阶段，我们需要的是从一系列故事中侧面展现你的内在品质和优秀生活方式。这些价值包括：

- 被其他女性认可；

- 保护爱人的意愿和能力；

- 幽默；

- 冒险精神；

- 情感丰富；

- 受朋友认可。

比较容易找到这些特质的素材：

- 旅行与生活状态；

- 守护某样重要的东西时付出的努力；

- 令你自豪的小成就。

你可以遵循下面这些线索去搜索自己的人生：

- 和一个女孩一起做过什么有趣的事情；

- 做了哪些你不应该做甚至该躲开的事情；

- 在旅行的时候有过什么有趣、恐怖、令人激动的事情；

- 负责掌控或者 Hold 住一个什么局面；

- 为了维护某个人而勇敢地与人争执；

- 组织过什么令人激动的活动；

- 鼎力支持过什么人；

- 化解了什么尴尬的场面；

- 做过什么很让人感动和暖心的事情；

- 做过什么自发的、无意识的事情；

- 完成过什么令你自豪的事情；

- 看见过什么有趣、恐怖或令人激动的东西。

在搜集好素材之后，你可以按照上文的结构完成这个 DHV 故事。

剔除掉负面信息

检视你的故事，把伤害人的、自掉身价的方面剔除掉，形成一个精简
版本。

- 任何表现出对女性、老人、小孩或者服务业者不尊重的信息；

- 任何不尊重前女友的言行；

• 任何建立在别人痛苦之上的快乐；

• 任何让人反感、违反社交常识的事情（比如一直不停缠着某个女人发短信）；

• 任何对朋友、工作的抱怨；

• 任何你执行别人的命令或者顺从别人的意见；

• 任何和低级趣味的人有联系的事情。

提示一：DHV 的超限效应

DHV 最容易出糗的恐怕就是"过犹不及"了。

几年前，我临时转移到江苏一座小城工作的时候深切感受到了这一点。这里的男人通常很少穿着西装，而我和同事们刚刚从北京搬过去的时候，出于习惯，日常还是穿着西服套装。有一位经常搭讪女孩子的同事收到好几个女孩子发来的相同的信息："你一定是房产中介吧！"

先不论我们在气质上是否体现了房产中介的特色，这样的情况并不止一次发生。我们相信是因为没有尊重当地的审美习惯所导致的。简而言之，就是"太装"。

曾经有学员跟我分享过一个让他印象深刻的故事。在某个私密的相亲会上，主持人请每人分享一下自己的兴趣爱好，这个学员说："大家好，我平时喜欢玩玩高尔夫和跑车。"他的家境比较好，他这个本来诚实的回答，却引来座下一片嘘声。归根结底，大家对他的生活状态并不了解，所以第一印象只觉得他不是吹牛就是臭显摆。

这也是在初步的互动阶段我为什么更推崇 DHV 应该偏向"内在品质"的原因。你的外形举止已经为你构建了足够的印象，在谈资中继续加强这方面的印象很容易过犹不及，弄巧成拙。

最经典的例子就是"那个男人穷得只剩下钱了"。

大多数人心里都住着一个简·爱，认为我们的灵魂生而平等，我们都追求真善美。在浅层沟通时展示"内在品质"，可以算是对这一点的尊重。

提示二：戏剧性的"反转"

我有一个朋友，工作一年就在北京买了房。他是个程序员，刚刚结了婚，在 20 出头的年轻人里，夫妻俩收入不错，一年少说也有二三十万吧，但是他们打算买房，这个就累人了。但是这对夫妻非常有毅力省钱，早上用微波炉热一热馒头，就着榨菜吃。一年以后，该朋友凭着省下来的 15 万，以及他爸妈给的 300 多万，终于在北京买到了房子。

我有一个朋友，每周去健身房四次，勤练肩胸背腹腿，做完运动慢跑 20 分钟，至少一周游一次泳。坚持了半年以后，今年夏天，终于变成了个美女。

这种段子大家都耳熟能详啦，在故事末尾加入这些反转型小元素，会让你的故事更有趣。

我曾经在一次聚会中要求在座的男士总结自己的人生经历，把它按照以上的方法变成故事。两个小时内，我收获了许多非常棒的故事，比我自己的人生精彩得多。我征求了一个当事人的意见，将他的故事收录在下面作为案例。

Sai 的初恋故事

初中的时候，我读的是当地最好的中学。那是一所非常特别的中学，虽然是所学校，但是称为景点也不为过，因为乾隆皇帝曾经在这里住过，而且曹雪芹也是在这里长大的。

那时候，我情窦初开，喜欢上一个女生，她和某个电视台主持人挺像的，都是很温柔的女生。

让我印象最深的是，有一天，她想吃棒棒糖，那不是一般的棒棒糖，准确地说是类似于波板糖的形状，却有着很长的棒棒，所以这种糖一出现，女生们就特别喜欢。作为青涩的小纯男，我就去给她买棒棒糖啦。

在糖果店，我遇到了一个很有名的小学同学。她小时候以讲八卦著名，现在是一个编剧。当她知道我是过来给喜欢的女孩子买棒棒糖时就疯狂了，因为她觉得超浪漫。于是她大声讲给店里每一个人听，结果你猜怎么样？本来堵得很满的小店，所有人都给我让路。还有人起哄鼓掌！哈哈，现在想起来还挺好玩的，不过当时很害羞，买完就低头跑掉了。

回到学校，我的上衣口袋里揣着 20 多根棒棒糖，快到班级门口了，我拿出芒果味的棒棒糖，藏在手里，然后看见她后立刻装酷对她说："喏，这个给你的。"

看见她打开包装，我很开心。不过她撕开一半包装就停下来了。

我问她："你不喜欢？"

她说："你怎么知道我喜欢芒果味的？"

我说："我把所有口味的糖果都买了一根，这里还有这些、这些……"

她突然眼泪就掉下来了，把我给吓坏了。

我摸她的头，问她怎么了。

她二话不说，紧紧地搂住我的脖子。

过了好久，她才对着我耳朵说："谢谢你。"

现在想起来，这件事还真是浪漫啊。

它告诉我们一个深刻的哲理——有钱是真的可以找到女朋友的。

野兽绅士 确认谁才是野兽绅士身旁的女人

在前文我们提到过"确认默契"，它是一种潜沟通，也可以算作一种试探，通常由一系列简单却微妙的行为所构成。人天生就会使用这种测试来检验身边的人是否属于"自己人"。我在很多国内外有关约会技巧的书籍中发现，"默契"这一概念经常被生搬硬套地翻译为"服从"。我认为这种理解是有偏颇的。在没有契约关系束缚的前提下，人与人之间的互动基本不存在无条件的服从，除非这种服从是有代价的。如果将"确认默契"理解为"服从性测试"，很容易陷入这样的思维误区：女人都是掘金者，想从男人身上挖掘价值，所以才会服从男人，而男人应该控制女人服从自己，然后给予她奖励。这种思维会大幅影响一个男人对野兽绅士概念的理解，他们会认为男女构建一段关系的目的是互相索取，而不是互相投入。

控制欲是男女关系的大敌，也是"野兽"本能中最负面的部分。我始终相信，一个男人不可能完全拥有一个女人，在所有的情感关系中，我们只是彼此享有对方。

我们用"确认默契"来确认另一半是否愿意通过自我调整与我们达成同步，使两人能够进一步契合。如果很幸运的话，你还会发现有些人天生就与你非常默契，"一见钟情"就是在这种情况下发生的。"确认默契"是对两人关系状态的确认，而不是控制。男女之间就是通过不断确认对方与自己的默契，来调整自己对这段关系的投入程度，然后才可能从陌生人发展为朋友，再由朋友进展为恋人。

前文我曾提到，如果女性对你展示了 3 ～ 5 个 IOI，这说明她对你有强烈兴趣，通俗点说，她对你放电了。不理解游戏规则的男人往往一得到鼓励便急功冒进，大献殷勤，这就犯了"可得性过剩"的错误。别忘了，此处你可能还会遇到"假性 IOI"。

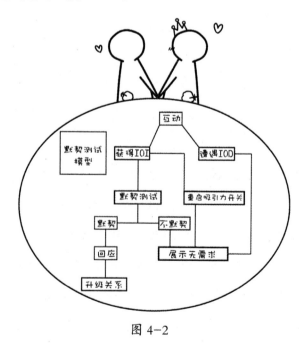

图 4-2

确认默契不但能展示"好奇，但无需求"的心态，同时还能测验她的IOI 是否为假性，是互动阶段升级关系的最优解决方案。

默契的表现形式

假设在互动中，女性显示出对你的兴趣，你需要先进行默契确认，一方面确认她的 IOI 是真实的，另一方面确认默契也是对关系的投入。人不会想要了解自己不感兴趣的人和自己之间有没有默契。

图 4-2 完整描述了从互动到升级关系的过程模型。出于默契在其中举足轻重的地位，我们将它称为"默契模型"：

默契是吸引的必然结果。通常来说，默契会从以下几点表现出来：

认同感

如果一个女人总是批评你的着装或行为，并且认为你的关怀是理所当然的，那么，显然你没有得到她的心。

如果你总是很难得到认可，很可能是你留给女生的第一印象存在问题。你需要回到第二章，重新梳理一遍对第一印象影响最大的吸引力开关，并尝试重新激活它们。

倾听

倾听是互动中最重要的默契表现。如果女生不愿意倾听你，请重新审视自己的谈吐和表现出的态度。另外，是否能正确地展示自己的价值，也是影响你能否得到倾听的重要指标。

回答问题

如果女人愿意进一步了解你，她会很重视你提的每一个问题。不要一开始就问很隐私的问题，应该尊重他人。如果问题得不到回应，请重新确认一下，你们认识阶段的那些吸引力开关有没有撬动。

积极提供话题

如果女人在互动中主动选择新的话题，填补谈话中的空白，甚至问你问题，这说明女人开始对你感兴趣。女人主动提供的谈话内容越多，越显示出她愿意与你分享她的生活，你们之间的默契度越会提升。

默契与抗拒

举一个例子，在走路的时候，你下意识地触碰她的手臂，示意让她走到另一侧。你会做出这样的行为，显示出你对两人的关系有一定信心，而她的回应则是确认你的信心。如果她欣然接受你的示意，走到你的另一侧，可见她已经对你具备初步的信任，愿意与你达成默契。假若她抗拒，则说明她还没对你投入最基本的信任，你对你们之间亲密程度存在误读，你需要降低预期，重新激活吸引力开关。

对默契的确认应该循序渐进，女生投入的默契越多，证明她对双方的关系升级拥有更充足的准备。确认默契应该从最小的投入开始，让女人与你一同投入一件很小的事情，然后再一步一步地互相投入。相反，如果刚开始就需要她投入很大的默契，那正常人很可能会拒绝。被传为笑话的"表白死"就是在没有确认双方达成默契的情况下贸然索取她的巨大投入：承诺成为你的女朋友。想要依靠这个鲁莽的动作突破关系，自然会死得很惨。

值得注意的是，如果女人很自然地回应了你，那她之后将会更主动，但如果她一开始就抗拒你，那她之后的抗拒感将会增大，因为她会觉得你对默契的任何确认都是跨越现有关系的、具有侵略性的行为。所以对野兽绅士规则理解还不深的话，建议你还是先建立了足够的吸引后，再去尝试确认你们之间的默契。

如果女人配合你的测试，则可以将她的回应视为一种强烈的 IOI，你应该间歇性地以同样强烈的 IOI 回应她，并主动推进互动，升级你们之间的关系。首先，你需要让她明白，回应你的默契是会得到正反馈的，但这种正反馈不应该成为"必然"的反馈，否则她会觉得你只喜欢她好的一面，而不是因为她的特质而对她感兴趣。所以你需要间歇性地回应来调节，让她期待下一次默契，你们之间的关系也会因为这种不确定性而变得更特别。回应与不予回应的比例可以是 7 ∶ 3 左右。"筛选"这个技巧能帮助你们产生默契。

如若她很明显地抗拒与你同步，这很显然，她对你不感兴趣，所以下意识地拒绝你，你应该通过本书中所教授的技巧重新尝试启动吸引力开关，直到获得她的 IOI，然后重新测试你们之间的默契。默契是建立在双方互相吸引之上的，如果没有任何吸引，那确认默契就毫无意义了，因为女生一定不会主动向你寻求默契。

确认默契贯穿于你们整个情感关系中，无论你有没有意识到，它都存在。

双方的默契会让两人觉得心有灵犀、情投意合。

根据测试的结果可以判断出女人对你的 IOI 是否真实，以及她是否准备好与你关系更进一步。确认默契是升级关系前必须要做的环节，如果没有这个环节，被拒绝的可能性就会大大增加。

社交层面上的默契

• 她愿意帮你拿杯饮品。

• 你要离开位置一会，她很乐意帮你看管你的物品。

舒适相处的默契

• 你把她的手放到你的腿上，她并没有把手缩回去。

• 你的身体和她距离很近，能感受到彼此的体温，但她没有躲开。

亲密相处的默契

• 你牵她的手，她没有躲避。

• 你拥抱她时，她会回应你的拥抱。

• 你亲吻她的面颊，她并没有躲开。

筛选：女人只相信合理的默契

"筛选"指的是你对心目中理想女性的要求和偏好。女人只有明白你的筛选标准，才会相信你是真的对她感兴趣，而不是逢场作戏。同时，筛选还能刺激女人主动证明自己，让自己契合你的标准。再漂亮的女人也有自己敏感真实的一面，如果你能够发掘她真实的一面，并且不被她的外表迷惑，那么对她来说，你是与众不同的。这种与众不同的默契会让你从所有男人中脱颖而出。

"筛选"可以说是一个男人是否理解野兽绅士概念的测准金线。

简单来说，让女人去争取你的认同，而不是你去追求她的认同，是更聪明的策略。筛选是启动这一机制的技巧。在运用得当的情况下，筛选可以增加吸引，而且还可以让女生的情绪更加投入到这段关系中。一些简单的例子：

- "除了外表之外，其实你是怎样的一个人？"
- "你喜欢宠物吗？"
- "你是一个对生活有激情的人吗？"

对你来说，这些问题都是你选择女人的必然基础。你在筛选对方是否符合你的某些要求，虽然这些要求都不是什么原则性的问题，但积少成多，你必须让她知道她的回答会影响你对她的看法。

不要直接地让她知道你在筛选她，因为这样会显得过于自负。越是无意的筛选，能够起到的作用越大。

站在女人的角度去看，筛选能够让她觉得你有进一步投入的意向。因为她知道，如果能够通过你的筛选，并让你喜欢上她的话，你会为她付出更多。此外，在女人眼中，有要求、有选择的男人往往更有魅力。所以，我们也可以把筛选理解成为 DHV 的一种。需要重点提醒的是，不要忘了，筛选也是确认默契的一种特别方式，只能在对方给予你一定的 IOI 之后，才能使用这个技巧。不要忘记绅士法则，筛选的前提一定是尊重女性。

用"递进式筛选"制造默契

有效的筛选不是去背一大堆台词，而是先坐下来思考一下到底你想要一个怎么样的女人。

每个人对异性都有不同的喜好，你应该问问自己理想中的"她"有什么性格特征，然后把这些特征变成你个人的筛选材料。

在你和女人的互动当中，会出现很多零零散散的小话题。根据这些小话题延伸出一些更深层次的筛选，能深入了解她个性本质。我将这种递进式筛选分为三层，举例说明：

第一层——提出筛选

男："你喜欢狗吗？"

女："喜欢啊。"

第二层——鼓励投入话题

男："你养过？"（展示出一点点的好奇，鼓励她延伸出更多话题）

女："是啊，我现在家里就有一只小狗。"

男："噢，它是什么品种？"

女："哈士奇……"

（讨论一下她的狗）

第三层——赞美特质，深入话题

男："在我看来，你完全不像会养大狗的女孩子。你也挺有爱心的嘛。"（对

方展示出了你喜欢的特征，请给予合理的赞美）

　　女："其实我从小就喜欢狗……"（给她更多空间展示自己）

　　男："我觉得你以后应该会是一个好妈妈……"（进入到一个新的话题当中）

　　需要强调的是，提出筛选—鼓励投入话题—赞美特质，深入话题这三层结构必须形成递进式的对话模式，并且不断深入直至进入下一个话题。在对话过程中，你欣赏她不是出于一些肤浅的东西（外表、穿着、消费能力等），而是一些她独特的亮点。因为她对自己特别之处的展示，你才能了解到她内在的美好，并因此逐步对她产生欣赏，这欣赏是她赢得的，所以她会备感珍惜。因为懂得欣赏她的男人是很难得的。

通过"废物测试"就能跨入她的领域

在我还是个男孩子的时候，认为女孩子的行为是个奇怪的谜团，有些女孩子明明对我表示过好感，但另一面却在有意无意地刁难我。甚至她们的闺密都曾给我暗示："我看 × × 还挺喜欢你的，聊天老提到你。你去追她嘛！"但为什么一旦我有所表示，她们就变着法儿整我？我被这种不确定的感觉牵着鼻子走，有时还被激怒，以至于失去恋爱的大好机会。

直到后来，我了解到"废物测试"这个概念，我才搞明白不是女人坏，是我太笨。

废物测试，很好理解，她就是想试试看你是不是废物。女人会用一些刁难来测试男人，并且观察他们的反应，从而通过经验判断这个男人能不能达到自己的预期。如果你没有通过女生的废物测试，那她会认为你和她不匹配，你就会被快速筛选掉了。刘备迎娶孙权的妹妹时，一进门就被一群婢女拿刀剑架着，这就是孙大小姐典型的废物测试。

其实，我们站在女生的位置上想一想，一个有魅力的女人一天会被多少男人接近？她们必须用一套机制来快速忽略掉不符合自己要求的潜在追求者。就像招聘一样，有500个人投来简历，你不可能通知他们全都过来面试。有一些热门职位，HR甚至会直接扔掉一部分简历。抢手的美女也一样，而且很多时候她们的废物测试都是无意识的。

女人的废物测试并不是有意让男人为难，她只是想要进一步了解这个男人，因为她需要确认男人是否有能力保护她，两人在一起是否能够互相给予安全感。女人会不断用各种考验来观察男人。

所以，面对女人的废物测试，男人的反应是非常重要的。你对这些测试游刃有余，才能顶住压力，收获美人心。

图 4-3

废物测试的类型

• 提问型。这是最简单直接的废物测试，比如直接问你收入、职位。你可以友善地提醒她这样不大礼貌，或者调侃她一下。

• 挑剔型。她们会直接挑剔你的品位、条件，或者提出诸如"我只喜欢一米八以上的男人"之类的标准。你该做的，是保持框架，一笑置之，不为所动。如果女孩子确实很优秀，真诚地赞美她。

• 寻求认同型。"你觉得这裙子怎么样？"女生说这句话实际上是要你说她穿着好看；"我最近又胖了"，意思是要你说她没胖；"我做饭很难吃"，那是要你表示没关系。你的认同会让她安心。

• 指令型。"你帮我提个包吧"或"你送我回家吧"。

废物测试一直存在于男女双方交往过程中，针对废物测试的回答方式也有千百种，不同的情境下，同一个测试也会有不同的回答。回答废物测试不需要有完全正确的答案。其实最重要的不是你回答的内容，而是你回答的态度和协调性。

应对废物测试的"三不原则"

不解释

解释本来就是一种争取认同的行为，在面对废物测试的时候，如果你向她解释，证明你需要得到她的认同，你希望她觉得你说的话是对的，以此来证明你的价值。但其实，一个高价值的人，不需要通过别人的认同来证明自己。

不抬杠

不要做无谓的争辩，这只会激起他人的负面情绪。很多男人喜欢和女人斗嘴皮子，其实这是个全盘皆输的策略。你赢了，只会让她觉得羞辱，而不是对你产生好感；你输了，她会觉得你不够强。

不较真

有句话叫作"认真你就输了"。正如前文提到的，废物测试是女人无意识的行为，并不是经过逻辑思考后的决定，所以你的回应也没必要认真严谨。往往女人只是开玩笑地说了几句话，有可能包含着废物测试的意图，如果你把它看作是非常认真的问题并严阵以待，反而会留下刻板的印象，女人潜意识里会认为你们之间没有共同语言，将你排除出潜在发展对象之列。

废物测试的处理方法

接受并夸大

接受对方的意见并用夸张的语言来回应。

例如：

"我觉得你挺矮的。"

"嗯，我也觉得我挺矮的，如果能再矮一点我就能订到半价机票了。"

忽略

直接忽略，启动其他的内容。

例如：

"我不喜欢你的衬衫。"

"我挺喜欢这里的吊灯，你看到了吗？它们的灯罩是用稻草编的。"

忽略也包括肢体动作上的回应：头稍向后移，用一种疑惑的眼神看着对方，对她问出这样的问题表示疑惑。

扭曲

故意错误理解废物测试的内容，并重新加以定义。

例如：

"你多大？"

"你说哪里多大？"

反弹

把女生给你的废物测试直接使用在对方身上。

例如：

"你经常这样跟女生说话的吗？"

"你经常这样跟男生说话的吗？"（微笑）

框架

在两性互动中，框架是你和女生间互动的基本设定。就如剧情大纲，框架决定了谁在主导关系的发展，而谁又在跟随。女性的废物测试通常也是在测试你的框架。

大部分男女都没意识到框架的存在，但其实在每一段关系中，我们都可以看到框架的影子。比如：

男："你真的很漂亮。我能请你喝一杯吗？"

女："是吗，那给我一杯 Mojito 吧。"

这段话背后的含义是：

这个男人比女人更需要对方，女人在主导，而男人在跟随。

可能你没有想过，在这么简单的两句话中，居然包含着这么多的信息。但其实这种现象一直存在于每一段感情当中，不论两人处于什么关系，相处了多久，哪怕相处了多年的夫妻，框架从刚认识第一天就一直在影响着他们的关系，谁强谁弱不会因为时间而改变。

所以，在一开始设定一个良好的框架，是吸引的前提，也是健康情感关系的基石。

好的框架，应该有哪些特征？

一个好的框架是吸引的前提。以下是一个好的框架应有的心理假设：

• 你是个有价值的男人，不需要检验。

• 她更需要你。

• 她希望得到你的认同。

- 她很希望和你发展成为情侣关系。

- 你的善意是无条件的，但关注与爱是她争取到的。

"她很喜欢你"，这就是一个男人需要的框架。

诚然，这些假设在开始的时候不一定是真实的。除非你是金城武，否则女人很难从一开始就这么喜欢你。但是，你必须在互动的时候，把这些当作潜在的事实，因为只有这样，你才不会被她的框架带领，陷入废物测试中。

在关系当中，双方的框架其实一直在摩擦。女人也会将她们的框架套在你身上，她们习惯性地假设所有男人都喜欢她们、迁就她们，认为男人们都希望得到她们的认同，而现实往往也的确是这样的。女人大部分时候都是被追逐的对象，所以往往选择权掌握在她们手中。记住，如果你接受这些假设，那么你必然会被她习惯性地列为普通男人。你必须要打破这种思维定式，换一种角度去和女人沟通，假设自己是被追逐的对象，才能获得选择的主动权，才能提起她们的兴趣。

设定有利于你的框架

- 避免进入"你追，她逃"的框架。女人会默认你喜欢她，因为这是大部分男人和她互动时的常态，除非你能够证明你对她没有兴趣。要做到这点，最好的方法就是通过"好奇，但无需求"的态度来显示你对她并没有太多兴趣，直到她首先证明自己的内在价值。

- 假设她的价值低于自己。在她证明自己的价值之前，你认为她并不符合自己对女人的基本要求。很多女人都希望得到你的认可和关注，而她应该是其中一个。

• 假设她的行为有点反常。一个女人喜欢某个男人的时候，她的行为会变得有点反常：情绪大起大落、莫名生气、故意抬杠等。这是因为她希望得到关注，就像小女孩看到自己喜欢的布娃娃一样，女人无法控制这些行为，而你完全能够理解，因为这是你设定的框架。

• 假设她对人和事的要求标准不如你高。在你眼中，她待人接物的要求标准都不如你高。这并非你刻意装出来的，而是你对现实的真实写照。你对一切衣食住行和对自身素养的要求，都比一般女人高出很多。

• 假设她在你面前缺乏安全感和自信。她希望得到你，但又不知道怎么做，所以她既希望接近你，又害怕被你拒绝。你知道她缺乏自信，所以在相处的时候会照顾她的感受，表达出一定的关注，因为你知道她其实就是一个小女孩，需要包容。为此，你会给她更多的空间去展示她自己，让她有机会得到你的认同。

其实这些框架都是女性面对男性追求者时所展现出的态度。女人是我们最好的老师，学习她们的框架，可以让我们在两性关系中获得更平和的心态，了解她们能让我们气场更强大。

而且，女人只会喜欢框架比自己强的男人！

互动中的吸引力开关

上进心

没有一个女人会拒绝一个有着满满上进心的男人。每个人都在追求更好的生活，上进心显示出男人对此的意愿会有多强烈。"追求卓越"的男人拥有更好的基因，和他在一起会更有可能获得美好的生活。如果能够让女人清楚地了解到你的上进心，她会暗自在心里为你大大加分。

内涵丰富

内涵不是表面上的东西，而是内在的、隐藏在事物深处的东西，需要探索、挖掘才可以看到。丰富的内涵是你区别于其他人的特征，能体现你独特的气质，一般可以通过人与人的社会交往显示出来。女人更容易被具有丰富内涵的人吸引。

情绪稳定

情绪是人对客观事物态度的体现。男人成熟魅力的标志之一，就是不会被情绪的波动左右自己的行为与动机。男女互动更多是基于情绪互动，一个能够更好控制自己情绪的男人可以给女人更多的信任和安全感，让她放心与你交往。

善解人意

体谅他人、能够为他人设身处地着想，这样善解人意的个性会透露你身体里埋藏着优秀的利他基因，同时也说明了你是一个在社交环境中能够体察入微的男人。这样的男人在男女追逐的游戏中总是占尽优势。

领袖气质

在任何一个团体中，总有某个人充当着核心的角色，他的言行能够被团体认可，并指引团体的某一些决策和行动，我们可以把这种人所具备的人格魅力称为"领袖气质"。具有这种领袖气质的并不一定是高层的管理者，在任何一个团体中，小到几个人组成的办公室，大到一个集团，总会有一个人具有说服他人、引导他人的能力。"领袖气质"是人格魅力的重要组成部分，做一个能够组织朋友一起聚会、度假的人吧。

有挑战性

越难得到的东西，人们一向越珍惜，这个规律在男女关系中尤其适用。她觉得你很容易到手时，你的价值就会在她眼里急剧降低。我永远建议男人们把自己看作是奖品，让女人也用相应的投入来赢取你。在这种情况下，女人会在一段关系中获得更大的满足感。

善于聆听

聆听并不是单纯地"听"她在说些什么，更重要的是需要和她进行互动，懂得聆听并且有情绪互动的男人会让女人觉得他心思细腻，更愿意参与自己的生活。因此女人更愿意和这样的男人分享自己生活的点点滴滴。

愿意表达

封闭的人难以被了解，所以你应该更愿意表达自己。在合适的情况下要善于表达自己的情绪，一个能够将情感表达出来的人，通常会更加健康，也更能得到别人的认同。

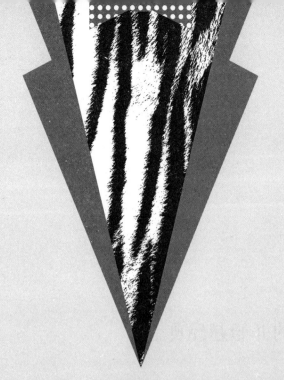

CHAPTER 05

用联系与约会拥她入怀

这个环把我们束得越紧，我们就越自由。因为你的自由在于你成为我的，一如我的自由在于我成为你的。

——克尔凯郭尔《勾引家日记》

越古老的开始越经典

交换联系方式后，你的第一个问题肯定是：应该什么时候联系她？

有人说要等两天，也有人说要等一个星期，还有人觉得当晚就应该打电话。

这个问题，不应该有标准答案。

你什么时候该联系她取决于你们互动的热度。就我个人而言，我喜欢过一两天之后再打电话给她，除非正好碰上周末。如果我知道她周末会很忙，那我会等到星期一再联系。

特殊情况是，如果两人之间的互动不太密切，她看起来像是会很快忘记你，你就应该尽快与她建立沟通，主动表现得很想和她聊天。

短信息是打开互动的钥匙

手机是你在这个时代最重要的小伙伴，到目前为止，在两性互动上来说，我还没发现比它更重要的发明。想象一下我们父母在没有通信工具的年代是怎么恋爱的吧！

短信息实在太便捷了，微信之类的通信软件，不但能即时传送简短的文字信息，还能发送图片和视频，我们在几分钟内能沟通的信息量比父母当年熬一晚上写的信要多得多。这些是最便捷的沟通方式，同时也比电话更能给彼此思考时间，这种缓冲时间减少了许多压迫感。所以我建议你和女生的日常沟通用短信息来进行，有大把时间可供闲聊或是重要的邀约的时候，再用电话联系。

针对比较外向的女性，用荒谬的话题开启对话更容易提起她的兴趣。你可以先试探性地给她发个消息，例如：

- "××（一个共同的朋友）跑过来咬了我的屁股！"
- "天了噜，天上竟然滴了一滴水。"
- "我真为我们离婚感到伤心。你爸妈挺有钱的。"
- "不要再跟我调情了，我现在很忙。"
- "亲爱的，你今晚睡沙发。"
- "我刚刚看见普京和你们校长在大娘水饺门口说话。"
- "我受够了，我也不想再瞒着你了。我怀孕了，你说我们该怎么办？"

而相对看起来比较文静的女性，你需要自然一点，聊一些很贴近生活的话题：

- （拍一张蛋糕店橱柜的照片）："超难吃的。"

•（拍一张小动物的照片）："它跟着我走了60公里路！"

•（拍一张小朋友的照片）："孩子他妈，孩子想你了。"

•（拍一张水果的照片）："我一直想不通，为什么没有蓝色的猕猴桃？"

•（拍一朵玫瑰花的照片）："早上开门发现门口放了一朵玫瑰，我也不知道是谁放的。"

注意，这些开场白不是什么让女人忽然爱上你的咒语，只是一次互动的开启。如果她回应你，可以开始谈论你们在一起认识时的经历，用你给她起的称号称呼她。比如：

"你知道吗，认识你那天我回家以后，门口居然放着一大把胡萝卜，好像有人知道我那天认识了一只兔子！"

当然，这一切的目的是要让她记得你，任何幽默有趣的话题都是可以的。

你们可以断断续续地聊天，然后在最精彩的地方停下来，尤其是在她回应很好，开始参与话题、提出问题的时候。例如：

你：天哪，有时真的觉得自己老了！我要去买个老花镜玩斗地主了。

她：哈哈，大叔！

我：然后我就在炉火前盖条毯子，把我年轻时的故事一遍一遍讲给你们这些小孩子听。

她：哈哈，"想当年"开头啊？

这时，你试着突然不回她的短信。然后，过几个小时再回复她。这样一来，你对她来说才是新鲜的，因为你在你们聊得最舒适的时候沉默了，她肯定想对你了解更多。这样一来，你邀约时她愿意腾出时间的可能性才会更大。

有时，你也会碰上好奇心特别强的女人，她会不停地给你发短信，即使你已经不回了。这种情况下，需要好好判断你们之间的关系：她是出于好奇，还是出于好感？在你不回信息以后，如果每一条短信都给你强烈的 IOI，那么她属于后者，当时你就可以打电话给她，聊一聊最近的安排，以便确定约会时间。

如果她开始就没有回应你的话，一定不要追着问"你怎么不理我"。过一两天，再重新开启话题。

短信息互动八法则

千万不要闷头不停地和刚认识的女人聊天，你们之间的互动需要有很好的节奏。控制一下自己，别一头栽进去。这八个建议会对你很有帮助。

不要问问题

即便想不出话题，也别通过频繁提问来换取女人对你的持续关注。查户口似的对话方式会让女生觉得你是没话找话。如果你实在没有话题，记住一点，即便什么话都不说，也比刨根问底好得多——至少你没机会犯错。

避免聊家常

在没有建立充分的生活交集之前，不要跟女人对话家常，避免聊工作、生活或者柴米油盐。基于现实的对话只会让你和女人的交流停留在逻辑层面上。一旦讨论得过多，女人很难在你身上感受到浪漫的情绪，而你知道，吸引力是一种情绪。你当然不希望她对你感觉麻木。

只聊你们之间的事情

聊你和她之间的小事情，聊感情经历，聊一直想做的事情，甚至暧昧的事都是不错的选择。这些话题可以产生兴趣、吸引、联系感和性拉力。所有感性的事情都可以为你们之间创造情绪，保留你们之间的火花。

表情能帮大忙

微信、智能手机的输入法里有各种表情可以调用。适时发一个恰当的表情绝对胜过千言万语。"白痴"和"白痴 -_-"是完全不同意味的两个概念。文字偏向冷冰冰的理性表达，但表情可以帮助文字调节语意，表达你的真实情感，让她感觉你是个活生生的人。

像幼儿园小孩一样对话

幼儿园的小孩是成年人的恋爱老师，他们的相处和沟通方式非常值得我们学习。他们的对话是直白的、不加修饰的，所以你不需要用逻辑去思考和领悟，只需要感受对方情绪即可。热恋中的情侣们的对话往往在外人看来也是非逻辑的，甚至会有点无厘头和幼稚。这是因为他们用情绪在沟通，而不是用逻辑对话。

不要在不见面的情况下升级关系

不了解游戏规则的男人常常犯这类错误，他们喜欢在女人面前证明自己多么适合她，会主动问女人对他的感觉，甚至直接表白……这些都是悲剧的前奏。永远要记住,不要尝试在没见面的状态下要求升级你们的关系，即便你们已经聊得很深入。因为对女人来说，关系升级包含两个元素：精神联结和身体接触。精神联结必须配以身体接触的升级才能完成。为此，你们的关系只能在现实生活中面对面进展，才有可能真正落实。许多网恋"见光死"，核心问题就在于彼此从未真正身体接触过，所以在见面时忽然发现对方非常陌生。

见好就收

你应该习惯在微信互动中带领女人情绪升温，然后首先终止对话。乘胜追击这种思维害死了不少男人，他们把话题榨干、聊尽，最后在无话可说的情况下被女人打入冷宫。所以，见好就收，点到即止是最好的互动原则。这会让你看起来更加酷，不黏人。

注意间隔和时间

聊天信息要掌握发送时机，不要迫不及待地回复她，这会让你看起来好像没事干，一整天都在等着和她聊天。你必须是一个生活丰富的人，与女人聊天只是生活中的点缀。我建议你与刚认识的女人聊天，每条信息最少间隔10分钟再回复。如果你们互动得很热烈，可以在最火热的时候频繁回复，让她感受到你的投入。当然，要记得见好就收。

另外，时间也很重要。你需要在沟通中了解她的作息，别在她最忙的时候找她聊天。如果她有个重要的活动要忙，很可能几个小时都不会看手机，你发出的消息没有回音，等待会搞得自己抓狂，太不值得了。

社交软件的展示面

网络已经成为每个人日常生活的一部分。QQ、人人、微博、微信，你的社交软件基本上就是你的形象展示。

和女人联系一定会用到社交软件，你需要前期就将它优化好了。现在的社交软件，你能展示的不外乎头像、资料与相册。接下来就以微信为例，简单说明合格的形象展示应该怎么做。

头像与资料

头像很重要！至少，在开始认识时非常重要。

在网络上的沟通也会有第一印象。在第一印象中，头像占了最大的部分。一张头像，照片背景、照片的角度、照片的表情，甚至照片的像素都

图 5-1

是很重要的!

　　头像一定要是本人半身清晰照。因为显示框很小,全身的看不清楚,女人如果看不清你的具体形象,很可能难以对你产生印象。如果只拍脸,搞得像证件照一样,则一看就像无趣之辈。避免用卡通头像,因为除非恰好对方喜欢你使用的卡通角色,否则很容易留下幼稚的印象。

　　照片拍出一定的角度,展示出最好看的轮廓。最好把背景去掉,至少弱化你的背景,头像要展示的是人,不要喧宾夺主。

　　把搞好的照片给几个女生看,都说你这张照片好看到不像本人就对了。

　　昵称不超过四个字会更好地让对方记住你。你的昵称也很容易展示你的性格和教育背景,我的建议是避免伤春悲秋、无病呻吟的昵称。昵称与你本人相关最好,如取自己名字中的一个字发挥。其实,既然是用来与现实中的朋友交流的软件,用自己的真名倒也无妨。

　　另外,你的地区所在地最好填你经常生活的地方,不要贪图时髦将它设置为迪拜、马达加斯加这些很远的地方,那会让你这个人看起来非常不真实。

相册展示

精选出自己的十张照片,分别是:

• 你和不同朋友在一起开心玩乐,展现你有女人缘的一面;

• 自己运动时的照片两张,展现生活情趣;

• 展示自己的书画作品或者演奏乐器的照片;

• 自己照得最好看的生活照(注意,是生活照);

• 自己在旅行时拍的照片。

一共只需要十张图，因为非好友只能看到十张照片，放多了没用。千万不要放一些颓废的照片加一些抄袭来的傻文字，也不要发晒方向盘、金表的炫富照或屋子里戴墨镜的自拍照，"到此一游"的摆拍也千万省掉。

什么样的照片算是好照片呢？我举些例子。

和朋友在一起聚会的照片

良好的社交认证，可以显示你的正能量与友善的情绪；跟女性朋友一起也是制造预选的好方式。参加好玩的同城活动总会有摄影师给你拍照。见图 5-2：

图 5-2

展示厨艺的照片

如果你的厨房正好是全开放式的西式厨房，那就再好不过了。会厨艺是一项很高的生活价值，居家好男人的形象也会给女孩子一种安全感。如果没有厨房，可以参加一些烹饪、烘焙的培训活动，花费并不高，有很多体验课还是免费的。见图 5-3：

图 5-3

与小动物或者小孩在一起的合照

表现你的爱心、保护欲。有很多宠物主题的咖啡店、餐厅都有吉祥物，如果你不养宠物，可以到这里与它们拍照，店家是很欢迎的。见图 5-4：

图 5-4

运动或健身照片

推荐你去体验一些户外运动，如滑雪、冲浪、攀岩、滑翔伞。这些运动的教练已经习惯了为学员留影拍照了。如果是篮球、羽毛球、乒乓球这类日常运动，请尽量展示出你的朋友们。见图 5-5：

图 5-5

有趣的私人爱好

比如咖啡、茶艺、舞蹈和乐器。每个城市都有大量兴趣班，无数机会让你体验。见图5-6：

认真做事的照片

专注的男人最有魅力，无形中就给人一种可靠的信任感。见图5-7：

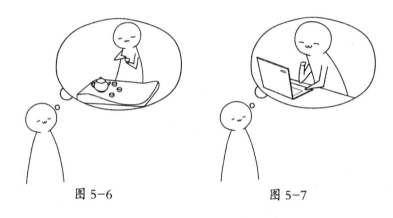

图 5-6   图 5-7

旅行的照片

千万不要将人头攒动的景点照片发到自己的相册上，那样会让你看起来泯然众人。要在照片中展示出你热爱生活，以及对美景的关注。见图5-8：

图 5-8

干净的卧室或书房

展示居所，也是让对方了解你生活方式的好办法，至少能在带她来你房间之前就已经让她对你的房间有一个初步的了解。见图 5-9：

图 5-9

童年旧照

越是可爱的越好，意味着你的基因还不错。见图 5-10：

图 5-10

通话的第一句犹如神谕

第一通电话，最好不是邀约电话

日常的空闲时间都是给她打电话的好时机。在机场候机、在车站候车、在银行排队，这些时间给她打电话，说明你并没有强烈的目的性，没有在打电话之前打很久的腹稿，只是在无聊的时候给她拨了一通电话，像个朋友一样闲谈，双方的沟通压力都会变小。并且，在几分钟以后，你有正当的理由结束通话，因为你要去干正事了。

第一次给女人打电话只是单纯的聊天，说明你想要更多地了解她，这对女人来说不但没有心理负担，而且还会产生被关注的愉快。第一次电话聊天后，再在接下来的一两天里和她用短信息沟通，然后再打电话进行邀约，中间的空当是一段非常好的缓冲，你有充足的时间激活吸引力开关，平衡好可得性，以及加深彼此的了解。在你提出约会时，你们不再是刚认识的路人，而是已经彼此了解的熟人。这样的策略能让邀约的成功率翻倍。

第一个电话就像第一印象一样重要，最难的一步就是让她接电话。如果你能顺利通过这一关，那接下来的约会应该没有什么问题了。

下面所讲的一切只是给你一个参考。这些规则都不是固定的，你必须根据自己的情况，灵活运用。

这一步，你的声音是非常重要的。你的语音、语调必须充满信心，并且要微笑。笑着讲话的时候语调也是不一样的，女人听得出来。你的声音应该缓慢、深沉有停顿，在电话里，你同样要保持认真的态度，就像你跟她见面一样，这一点常常被很多男人忽视，他们在现实里很帅气，可以把约会搞得精彩绝伦，但是一到电话里就暴露了自己的弱点，反差之大，有时真让人哭笑不得。这样的男人，会让女人觉得表里不一。所以打第一个电话的时候，要像第一次约会一样保持良好的状态。

实用的建议：可以先做点运动，让自己积极起来，比如三组俯卧撑；你也可以先打电话给自己的女性朋友聊聊天，姐妹亲戚也行，让自己打开话匣子。之后再怀着积极、健康的心态给你喜欢的女人打电话，她能感受到你的能量。

一开始，将你的优点（尤其是性格上的）展示出来，比如快乐的心情、风趣幽默的语言、有礼貌的态度等等。

你可以提出一些"筛选"话题。在筛选时，你要尽可能用你们交流过的某件事来筛选，在她做出积极回应之后，给予她肯定。比如：

"对了，我记得你穿的是一件猫咪印花的 T 恤，你是不是特别喜欢小动物……哦，我觉得你是个挺有爱心的女孩子。"

不要聊毫无铺垫的话题，如果你刚说完自己在等飞机，接着突然说"你会做饭吗？"这会让谈话很突兀。

而"联系感"是长线铺垫，从你们相识到相爱，每分每秒的工作都是在积攒联系感。最初的精神联结，来自你们互相之间分享生活的点滴。你可以在电话里告诉她，在和她第一次见面之后，你的生活发生了什么有趣的事情。例如：

"你走后，我去找朋友们了，一个朋友等了我很久，居然和大妈们一起跳起广场舞来。他应该真的是等得很无聊……"

这样的交流可以让你们之间建立交集，你们的人生会在彼此了解的一件件小事中逐渐重叠。把电话交流当作一次谈论彼此生活经历的机会，就好像是跟许久不见的老朋友聊天一样，这样还可以让她有一种亲切感。

在第一次电话聊天时，你应该为接下来的邀约做好铺垫。例如，提到你和朋友下周会出去玩，或者接下来的某天你会去做哪些有趣的事。把它当作自己的一件经历来分享，不要当时就邀请她，等到时机更成熟时再作邀请。女人们喜欢这样的交流方式：真诚，但不咄咄逼人。

"期待"也是很有力的，要好好利用好它。

如果她不回复消息 / 不接电话

最差的情况是，她在与你交换联系方式之后就没再理过你。

有可能是你不小心留下了糟糕的印象，让她对你敬而远之；也有可能你把每件事处理得都非常得体，然而她那边却出现了阻碍的因素。

以前我看过很多建议：不要给她发信息，等过些时候再打给她；还有人建议，如果你觉得她把你的号码设成了黑名单，那就用别的电话打给她。就我个人来讲，我是非常不建议这些做法的，因为这样一来，即使女人接了你的电话，也会很不舒服，甚至觉得你有点变态。

短信息留言的方式可以助你打破僵局。我自己会用微信留下一条语音信息，不过一定要简短，而且话语要彬彬有礼：

"嗨，我是××。今天发生了一件神奇的事情，让我想到了你。你最近应该在忙，那我们有时间再聊吧。"

带着微笑说这段话，话语要温柔而且友善，内容要简短明了。不要发下面这样傻得可爱的短信：

"你好，我是××，我们上次在××见面的。我穿着那件你觉得很像王力宏的衣服。我很喜欢和你说话，想看看什么时候有时间再聚一聚，要不我请你吃晚饭。记得打我电话，期待你的来电！不要忘记打电话给我啊！拜拜！"

乞求是不会让女人跟你约会的！

假设她记得你是谁，而且在交换联系方式前，你们已经建立了一定的联系感，她给你回复的概率会很高，只不过她被一些别的事情耽搁了。她弄丢了手机、生病住院或者在赶一项非常紧急的工作都有可能。所以别催，别急。

如果她很长时间一直不回你的信息或是不接你的电话，不要再继续催逼。要知道，最让女人讨厌的一件事就是男人不停地骚扰她。也不要用别的号码打给她，因为如果她真的把你拉黑了，怎样都于事无补。记住，一定只用你自己的电话打给她，如果她不接，留一条信息就可以了。

如果她真的不想跟你说话，你再怎么追着也是徒劳，只会让对方反感，也让自己很掉价。记住凡事过犹不及，尤其是对方还没有给你回应的情况下，更不能再苦苦追着！

此外，这么多年来，我发现很多男人，当然也包括我自己，在女人不回自己短信时，总是会把已经发出去的短信再发一遍，心里想着"以免她没有收到"。我们还会以为，即使她真的收到了，也会觉得这条信息只是因为信号不好而被多发了一遍。不幸的是，其实女人们都知道是你亲手重复发给她的。我征求过很多意见，发现没有安全感的女人也常常这么做。记住这点，你的手机显示已经发送，那就是发送成功了。如果她想跟你说话，她会回你信息的。

如果你第一次打电话给她，她没有接，那就等几天再联系她。如果这样下来，你打过四五个电话，她都没有接的话，肯定是哪里出了问题。不一定是你个人的原因，有可能是她心情不好恰好不想和异性接触，或者她本来脾气就很奇怪。你可以暂时放弃了。就当下来看，她并不是你命中注定的女人。如果你相信缘分，过一段时间以后，你们说不定还可能奇迹般地重逢。别忘了，很多人毕业十几年后参加同学聚会，还会对当年完全没感觉的同学突然来电呢。

但在完全放弃之前，你还可以做最后一次尝试。

在她没有给你任何回应的情况下，给她发一条信息。推荐用微信发语音信息，能够更好地体现你的态度。这也是她最后一次了解你的机会，具体应该这样说：

"嗨，我是××。这可能是我最后一次联系你了，但是我有一件很重要的事想对你说。我知道，要克服不舒适的感觉去认识一个人是很困难的。

但是，我觉得克服这一点真的很重要，因为我们寻找人生中每一件梦寐以求的事情时，都必须克服这种感觉。所有我们现在愉快相处的人，无论是朋友还是爱人，都是从陌生到熟悉的。我建议我们试着真正地认识一下，这样即使最后我们并不喜欢对方，也不会有遗憾。所以，给自己一个机会，来认识我吧。"

在这段话里面强调一下，这是你最后一次联系她。话语一定要积极、诚恳，不能带有失望或是气愤。如果在这个过程中你能传达出自己是一个积极乐观的人，你的真诚很可能会打动她，你们之间就有转机。

用逆向思维洗礼过的邀约技巧

周日是个比较特殊的日子。这一天虽然放假,第二天却要上班,所以通常她们不会把计划安排在晚上。如果你和她建立了足够的联系,在中午到下午这段时间一起出去喝个咖啡,或者逛逛书店,这些简单轻松的事情能很好地增进你们的感情,让你们更快熟悉彼此。

如果女人觉得成本太高,她赴约的概率将会大减。时间、距离、麻烦程度等都是约会的成本。此外,男女间对不同事物的兴趣度也会对她赴约的可能性有所影响。

曾经听一个学员说起往事,他说自己带了一位女性去钓鱼,因为他认为这种户外活动可以有更多互动的空间,而且钓鱼也是一件很有趣的事情。可结果,不但他们的约会糟糕得一塌糊涂,在那之后,这位女性再也没和他见过面。原因很简单,女人其实很懒,大部分女人并不喜欢男人喜欢的活动。像球赛、户外运动这样的约会项目请确认她的喜好后再邀约。如果是你女朋友，她也许会因为喜欢你所以陪你去。但对一个刚刚认识不久的女人来说，为你投入一整天去做自己不喜欢的事情，她得有多迷恋你才能说服自己啊！

把约会简化，缩短女生出门的距离，减少见面的麻烦，这样可以大大增加她赴约的概率。

电话邀约

如果你们已经通过一次电话，用前面我所说的方式建立起了舒适的联系，那么，现在可以着手准备再次见面了。最好在之前的通话中已经为接下来的见面做好铺垫，你现在要做的就是邀请她加入你的生活。

这一时间段的主要问题是：不同的女人会有不同的社交焦虑。有些人天生没有什么顾虑，一个人就可以跟你和一群朋友玩得很开心；有些女人需要朋友的陪同才敢安心出来与你约会；有一些女人喜欢单独相处，但不愿意太过私密，在公众场合她们才会感到舒服。

如果你对她的想法还没什么把握，有一个很有效的方法可以帮助你邀约：列出约会的选项，给女人选择权。多个选择的邀约一般都是这样的：

"（聊了一段话题后）你不是很喜欢看调酒师调酒吗？礼拜三晚上，我和几个好朋友约了在××一起喝一杯，那里的调酒师挺不错的。你应该过来啊！喜欢的话，可以带上你的好姐妹。我朋友都很帅的！对了，第二天我还要去找裁缝做件外套，要不你过来帮我参谋参谋？拜托啦。"

这样一来，她就可以选择她觉得舒服的时间和方式。

确定好接下来的见面后，跟她多聊两三分钟再挂电话。在你们见面之前的这段时间里，不要频繁地提起约会，你肯定也不想别人天天打电话催着吧。

如果提前邀约，有的时候你确实得联系她。比如中间时间间隔太长，或者她每次接电话不巧正有事，你们没有机会深入沟通，那就很有必要保持热度。用短信持续跟她聊聊生活中有趣的事，把身边刚刚发生的好玩事儿拍照发给她。

约会的那一天，你要先打电话跟她落实一下。约好的事不是万无一失的，因为这是个计划赶不上变化的时代。有时候女人会因为压力太大，专门拖到约会当天放你鸽子。假设你们约好在晚上见面，在下午打电话给她。这个过程中话语一定要亲切，而且时间保持在三分钟内，把更多的话题留到跟她真正见面时再聊。电话的内容最好是和你们见面前几天有关的，这样可以表现出你并不急于和她约会。不要刻意说些什么来讨她欢心，那会暴露你的不安全感。

邀约案例

你：听说晚上你要去三里屯喝一杯？

她：什么？ / 听谁说的？ / 没有啊！

你：全北京都在传这事儿了，很多人都这么说。

她：哈哈，怎么连我自己都不知道？

你：他们说晚上你和×××（你的名字）去三里屯那边喝一杯。

她：是吗？哈哈，你这是约我吧。那他们说几点呢？

你：传说中好像是 9 点，听说你会穿得很性感。

她：哈哈，晚上见吧！

太多男人在邀约时都只是问女人有没有空，要请她吃饭看电影——如果你用大部分男人的方式邀约，那你也只能得到大部分男人所得到的拒绝。这个方法在使用上非常简单，只要和女生有了一定的联系感便可以了。女生收到这个对话时都会觉得好玩，因为以前一定没有人以这种方式约过她，如果你的邀约地点、时间是合理的，一般她都不会拒绝。

为什么不试试让她请你吃饭？

有一次我和女生闲聊，对方提及某餐厅的东西特别好吃，于是我顺口说了一句："那你请我去吃吧！"没想到那个女生很爽快地答应了。在这之后我经常分析男人会犯的一个通病：无条件主动请女人吃饭看电影。他们没有逆向思考，从没想过让女生请吃饭、请看电影。

案例一

你：晚上有什么特别的安排吗？

她：还好。

你：没安排请我吃饭吧！（用微笑调节）

她：哈哈，没问题。

你：你只是随便说说呢，还是真的有心请呢？

她：请你吃饭又不是什么大问题。

你：时间？地点？

（你们约定时间、地点）

案例二

你：晚上有什么特别的安排吗？

她：还好。

你：没安排请我吃饭吧！（用微笑调节）

她：为什么啊？

你：因为我觉得你挺喜欢我啊。

她：真臭屁，哪有！

你：要是不喜欢我，你也不会和我聊这么久，我觉得你至少不讨厌我。

在案例二中，女人的反应是一次废物测试，此时不必纠结于吃不吃饭这件事，保持好框架，你们可以继续聊下去，如果有好的时机再确定另一次约会。需要注意的是，很多时候女人的话都不可信，即便她说好了请你吃饭，也别太当真。还记得我们说的"幼儿园般的对话"吗？你们之间的沟通是一种情绪沟通，情绪都是短暂的，这次沟通的结果与下一次互动之间并没有必然联系。你真正需要的是从传统"男追女"的思维定式中转变，男女间的约会应该是两人的共同投入。

关于"放鸽子"

如果你们双方约好了以后还被女生"放鸽子",原因大约有两种。

首先,她可能真的刚好有事,尤其是工作上的事情。

其次,她也许对你并没有强烈的兴趣,她认为这次约会去或不去都没关系。这是因为你在认识和互动阶段没有吸引到她,也有可能是你的可得性过剩,让她认为随时都可以见到你,不差这一次。天气和距离也会影响她的决定,因为她赴约的成本太高了。

无论什么原因,你都不要对"放鸽子"作过激反应。因为你强烈的需求感会给女生太多压力,反而有可能把女人吓跑。最好的处理方式是表现出无所谓的态度,接着继续互动一段时间,在你们情绪都很好的时候再次提出新的约会邀请。

假如她偶尔放你"鸽子",而你一向有求必应,那可以偶尔试试放女人的"鸽子"。这并不是教唆你将女人看作敌对势力,要对她实行报复。而是吊一吊她的胃口,让她注意到你。

记得放她"鸽子"的同时要许诺一个更好的期待。例如:"我下次赔罪,带你去坐滑翔机!"这件事必须是她喜欢的,这样她会对你们下次的约会更怀期待。

用野兽的行动力、绅士的智慧——布局

约会的目的是升级关系。正在约会的男女，关系就如同逆水行舟，不进则退，如果在约会中没有进展，浪费时间、精力和金钱倒是小事，让女人产生"没感觉"的自我暗示才是最大的危险。对男人来说，每次约会都是一颗子弹，平淡无奇地结束一次约会，等于错失了一次机会。

因此，约会安排是非常考验一个男人社交智慧的一环。聪明的绅士，能掌握和女性见面的节奏、进程与时机，从而让两人的关系得以顺利地推进。

在子弹耗尽之前如果关系没有升级，那么一个大写的"失败"会贴在你额头上，你们将永远成为普通朋友，甚至路人。

举足轻重的前半小时

每次约会的前半个小时能基本决定女人对这次约会的定义。如果超过半个小时完全没有进展，女人的情绪就会慢慢降温——她将把你定义为朋友，潜意识里把你们的关系划分入友谊区，所以前半个小时内的互动几乎可以决定你约会的结果。

我们可以将前半小时划分为三个十分钟，在这三个阶段的约会里，越往后你越需要注重肢体动作和眼神交流。你要明确，前半小时内必须制造情绪波动，卸下她的防备，让她尽快投入互动中，享受这次约会。

第一个十分钟

建立交集是前十分钟的首要任务。首先我们应该相信这个前提：一个女人如果对你没有任何兴趣是不会浪费时间、精力与你约会的。她参与了约会，足以证明她至少不讨厌你，对你也有充足的信任。

你需要做好心理准备的是女人的情绪状态：她进入陌生环境会有不安全感。首先，选择开放性的环境是明智的决定，这能让你们的互动在安全的氛围下进行，你自己也会更放松。她与你初次约会，会觉得神秘与兴奋，同时也会产生一点点恐惧，所以即便她表现得很拘谨也是正常的。你应该理解其中原因：无论之前的互动多么愉快，毕竟你们之间交集尚浅，她对眼前的你了解甚少。可以尽快建立交集的诀窍不是告诉她你的一切，是认同她。

这是否会暴露太多可得性，显得过分迎合她？并没有。她对你已经有足够的兴趣，对她的认同其实是对她付出时间、精力参与约会的积极回应。

第一个十分钟时间里，女人会带着主观印象与你接触。你的语言表达、衣着打扮、行为动作所透露出来的信息已经首先奠定了她对你的预期，所以你出现的这十分钟时间里尽量要减少犯错。肢体动作应该更开阔，身体避免与她正对着，并且保持适当眼神接触，因为这阶段你在体现认同与融合的意向，要用行为来协调。

第二个十分钟

此阶段重点在于启动吸引力开关。在前十分钟，你们将之前隔空的联系具体化了，见面后，你们之前的联系成为了真实的交集，她会因此认为与你进一步加深了解是一件合理之事。在这十分钟里你需要着重关注两件事：一是你对生活的看法、对待感情的态度；二是关注你们之间每一次默契的确认。

高价值不体现在你拥有多少资产，而是你对自己财富和资源的态度，也就是我们先前所说的"生活价值"，这是约会中十分重要的吸引力开关。感情观念的陈述很有利于她对你们之间的感情产生预期。

在加深吸引的过程中，应该与对方的眼神完全接触，身体朝向她，你们之间的距离应该会在这一阶段的默契得到确认时更近一些。

第三个十分钟

你要做到关系升级，主导互动。有了之前的交集和吸引，所有互动的模式都由你来主动控制，你需要主动推动约会进行，女人已经完全信任你，在这十分钟里决定跟随你的节奏。你最好在此时准备好转场换个环境，不要滞留在一个地方太久。

当女人被吸引的时候，表达你对她的好感是拉近关系的关键点，我们管它叫"兴趣声明"。你需要关注她的 IOI 表达，以及你们之间默契的确认。"我很喜欢你"是最直白的表白，除非你已经感受到她对你一见倾心，否则不要轻易表达；"其实我觉得你是个很特别的人"相对隐晦了一层次，如果你们之间已经能够确认三到五个默契，那么完全可以这么告诉她；"你眼睛很漂亮""我觉得你是个心地善良的女孩"等她让你心动的优点，则可以用作对她的积极回应。

你在第三个十分钟里的眼神接触应该是间断式的，身体距离应该微调，尤其是在表露好感时，你的肢体语言不宜太亲密，甚至该拉开距离，这样的微调可以中和你表露出来的可得性，让吸引力得以平衡。

设计环环紧扣的约会

传统的约会建议不是看电影就是去高档餐厅，迷信这些建议的男人总是花了冤枉钱又没有回报。再次强调，约会只有一个目的：升级你们的关系。如果关系没有往前推进，那这次约会就浪费一次机会，几次约会后，女人只会把你当作朋友，而不是潜在的发展对象。

约会环境

选择约会环境最首要的关键点是避免进入"孤岛陷阱"：你们约会的第一站，如果附近没有完善的配套后续地点可以转场（咖啡厅、甜品店、电影院、酒吧之类的场所），那么你们就如同被困在一座孤岛上，单在一个场所停留会变得无所事事，气氛越来越冰冷尴尬，最后只能各回各家。不要小看这一点，这种情况经常会在约会中发生。

一次好的约会必然需要流程顺畅。假如一次约会吃完饭后需要大老远地从东城打车到西城，花很多时间在赶去下一场地的路上，那么两人之间必然会产生很多气氛低落的时刻，你们的良性互动很难维持，自然影响吸引力和关系升级。

从一个环境转移到另外一个环境，也是大大增加联系感的手段。随着环境的转移，人会产生一种时间上的错觉，她会觉得和你已经认识了很长一段时间。在一间昂贵的餐厅枯坐4个小时，把话题都聊尽，一定比不上在甜品店坐半小时，再一起到小店买个口香糖，接着去吃个日本料理，吃完在附近逛逛书店，时间晚了再到露天阳台喝一杯马天尼。你们的共同经历越多，生活的交集就越重叠，可以联想到的话题也就越多，这样的约会才不会无聊。经历几次转场，你和约会对象的联系感就会非常强，你们会觉得一见如故。

要有好的转场地点，所以你必须把约会安排在一个能够为你带来配套约会地点的区域。从吃饭到晚餐后的甜品屋，再去一个安静的地方喝一杯，这些地方之间的距离越近越好。不断转换环境才能帮助你们在约会中升级关系。

什么样的环境才适合约会呢？舒适、安全、稳定是最重要的因素。能够让双方的互动不受外界干扰的环境才是好的约会环境。

嘈杂拥挤的环境会影响舒适。不是非得有几个保镖才叫安全，约会的"安全"要让她既感受不到你的压迫，又可以专注地投入到与你的互动中。稳定的定义是不赶时间，没人催着你们赶紧做完眼前的事情，安心约会就好。

　　像火锅店、自助餐、大排档之类的环境是非常不适合约会的，尤其是第一次约会，几乎等同于自杀！这种环境大大影响女生的观感，很强地分散了她在你身上的注意力。比如在火锅店，你们正分享自己的感情经历，旁边突然有人大喊"服务员，加水！"那就会很糟糕。如果她穿得很漂亮出来，就更不乐意去火锅店了，哪个女人都不希望漂亮衣服上沾满火锅味儿。所以相比起这些人流嘈杂的环境，我更推荐你们约会时去吃干净的日本料理，因为简单且花费时间不多，自由自主的方式也更有利于你们进行互动。

　　忽略掉晚餐，从甜点和咖啡开始也是很稳妥的约会安排。在选择环境时，是否有益于沟通才是你应该关注的重点。你要知道，女生答应约会的目的是想要见你，并不是单纯想吃饭。一次浪漫的约会并不取决于你们吃什么喝什么，而是约会的氛围，她不会因为你带她吃的牛排很好吃而爱上你。不要憋足劲儿请她吃大餐，抑或做其他费钱又不讨好的事情。我以前的一位学员曾经谋划了半个月，花费了几千元请女孩吃法餐，结果约会却尴尬无比——用餐时需要的各种礼仪弄得女孩子很不适应，她将注意力都放在如何吃好这顿饭上了，当然顾不上与男人互相了解。

　　在最初的约会中，看电影也是很差的选择。这是一个漫长的过程，你们不能有效地利用观影的时间交流，因为电影院不适合聊天。你们的关注点会在电影剧情上，而不是彼此之间。所以，一场电影过后，你们的关系几乎不会有丝毫的进展。逆水行舟，不进则退，没有帮助就是减分。

　　比较合理的约会流程应该设立最终目的地，然后以最终目的地为导向，一环一环地往前推衍出约会转场路线。比如：

　　甜品—广场—露台酒吧—你家

　　寿司—超市—你家—遛狗—她家

雪糕—展览—咖啡—溜冰场—她家

现在互联网非常发达，无论是手机应用还是社交网站，你都能很轻松地找到一系列值得玩耍的地方，然后提前制定好约会路线。另外，你会发现，节假日期间很多城市公共场所都会不定期举办一些对外开放的免费展览，这些活动也是不错的约会选择，因为氛围随意，没有拘束，双方也能更放松。

选择座位

座位会非常直接地影响你们的互动质量。你并不一定非得找到一个看到满天星空的位置，但一定得选择两个人能够进行良好沟通的座位。浪漫的环境不一定能让你们打开心扉，但好的位置至少有利于你们更快地了解彼此。

位置的安排，应该尽量和约会对象相邻或者并排（如图5-11），不要选择与女生面对面的位置（如图5-12）。正对面会给人强烈的压迫感，不利于舒适地展现自我，同时也为肢体接触制造了很大阻碍。

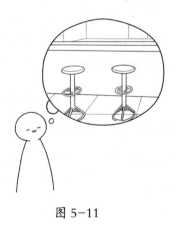

图 5-11

图 5-12

在选择桌子的时候，尽量不要选择体积大的桌子，正方形也不是好选择（如图 5-13），它们很容易让人产生距离感。

图 5-13

应该尽量选择面积较小的圆桌。让身体与身体之间的距离减少，更加接近，这样你们的肢体接触会比较自然，同时，你也有更多空间去微调身体语言。

凳子优先选择无靠背和扶手的。靠背和扶手是一种物理阻隔，让人和人之间感觉到有隔阂。无靠背和扶手的座椅能让肢体语言更加顺畅，这种状态下更能感染他人，也更能让人接受彼此。当人没有靠背的时候会自然地选择最近可以依靠的地方，身体前倾，往桌子方向靠近，这样的姿势会使她的注意力更容易放在你身上。比如酒吧的吧台，人的身体朝向总是朝着吧台里边。

精神联结：为升级关系做好铺垫

你需要在约会中与女生建立起情绪和生活的亲密交集，这是约会以外任何互动都很难做到的，所以，把握机会。

联系感是一种生活上互通、情绪上互相理解的感觉。这种互通来自一系列的共同点，也就是说，两个人情绪状态和生活状态很相近的时候，他们就会趋向于喜欢对方。

如果你仅仅是吸引一个女人，她可能会喜欢你，但是她不会感觉到精神联结。一旦你走开了，她的情绪回归平稳，就会立刻失去原来被吸引的感觉，你所有的努力都将毁于一旦。如果你不想分开后立即感觉非常陌生，你需要和她建立一些联系感。所有约会攻略所说的"两个人很配""我们有很多共同点"或者"他很了解我"，都是围绕这种精神联结的说辞。在给你打电话、思念你、与你亲密独处之前，一个女人通常需要与你互相了解，并且觉得跟你在一起很舒服。

注意避开友谊陷阱!

千万记住，你必须先证明自己，才能建立双方的吸引力！更多的联系感表示着更多的可得性，请一定要保持好它们的平衡。

只有精神联结 + 没有吸引 = "好朋友"。

如果你在酒吧里认识一位女性，互相之间没有任何交集与了解，即便你们一见钟情，她可能只把自己对你的好感看成是一件"发生在酒吧的事"，天亮以后，一切情绪回归正常，她会把你忘掉。

与此相反的情况便是"好好先生"。他们只和心爱的女人建立了交集，释放了过多的可得性，却没有真正吸引到对方。所以，即便一起亲密地相处了很多年，女人也只把这些"好男人"当作朋友，因为他们看起来实在太没魅力了。

吸引与联系的结合才能让女人把你看成值得爱的人，两者的结合能让你在这段关系中拥有更多机会和选择。如果没有联系感，她还是会对你有很多保留，她会不愿意和你单独相处，即便喜欢上你，仍然不接你的电话。

所以，当你确认了双方的默契，证明自己已经很有吸引力以后，就应该着手去增加你们之间的联系感。约会的前十分钟需要加强交集，正是依照这个原理。

确认默契

"你是做什么工作的？"

"你喜欢什么类型的音乐？"

当你开始听到这些问题，先不要立马回答，等一小会儿！我们前文提过，对方的提问、寻求认同，都是在表现对你的兴趣。你应该先确认两人之间的默契，然后释放 IOI 和 IOD 的混合信号，调动她的情绪。这样，你们的情绪状态才会互相贴近，你们才会感觉很熟悉。例如：

女：你是做什么工作的？

男：我做进出口生意。

女：嗯？

男：专把你这样的女孩子卖到非洲去的。

女：哈哈！说正经的。

男：好好好。我做了个网站，许多漂亮的女孩子在上面教男人怎么谈恋爱。全世界的男人都会来看，包括非洲哦。所以我也不算骗人哦。

角色扮演

你可以和女人各自扮演相关联的角色，在约会中以自己的角色展开互动。其实，在平日的联系中，你们也可以即时进行角色扮演，比如医生和护士、警察和小偷、老师和学生、爸爸和女儿。角色扮演可以让你和约会对象进入一个更有趣的互动模式，当然，你也可以优先设立自己是较为有利的角色，以获得更好的框架。

比如说，你和她打闹起来时，可以描述对方是坏学生，如果两人间的吸引力足够，她就会接受这个角色，把你当作老师。一旦建立这样的框架，你们之后的互动就可以用这个关联角色去进行：

男：我看你是今天班上最调皮的那个女生。我要罚你晚点留下来抄作业。（坏笑）

女：不要啊老师！妈妈今天做了饭，我要赶回家吃饭啊。（套入角色）

再举一个例子：

男：你喜欢小狗吗？

女：喜欢啊。

男：要是你能够变成小狗的话，你希望变成哪一种小狗呢？

女：泰迪。我特别喜欢泰迪，毛茸茸的。

男：哇，我其实很喜欢泰迪的。要是我在宠物店里看见你，一定会带你回家。（笑）

女：哈哈，神经病。（笑）

男：但你不会在我家地板上随地尿尿吧？

女：哈哈，不会。（笑）

男：那好吧。（牵起她的手）我今天就带你回家。

女：无聊／好啊。（笑）

角色扮演可以建立起一个只有你和她存在的世界，旁人无法参与。这会让你们的关系更有黏性，你们的交集会更多，情绪也会更同步。

不过要注意的一点是，女方必须对你有兴趣才会接受你丢出的角色。如果对方不主动跳入角色扮演中去，不要表现出你很在意的样子。继续建立吸引，等双方吸引力更上一个层次后再丢出关联角色框架，反正这不过是个游戏罢了。

共谋

角色扮演其实就是一种共谋，意在建立一个只有你们俩存在的世界。共谋让你和她站在同一阵线，建立一个所谓的"阴谋"，去抗衡其他的人和事。

共谋必须是建立在有趣的互动上的。假设你和她一起对抗其他人或者与外面的世界战斗。一些只有你们两人知道的小秘密就足够形成共谋，它非常有利于你们之间建立很强的联系。

你可以在聚餐时，用脚轻轻勾一下她的高跟鞋。你可以在酒吧里和她互动得很好，然后一起偷偷甩掉朋友们，转移到外面的小店分享一个雪糕；你可以和她一起观察别人，给他们编故事，然后在经过他们身边时，彼此会心一笑。

在互动中引用她的"哏"也能很好地建立共谋。在一个女人说故事的时候，你应该留意一些她明显感到自豪的部分。然后，在之后的对话中，再提一次。

比如，她是一个老师，她跟你讲在大楼停电时，她把一帮小孩安全带出房间的故事。在之后的对话中，讨论到她的组织能力，你就说："你能把30多个吓坏了的小学生带出房间，我敢肯定这个对你来说没有一点问题！"记得只引用那些她引以为豪的事，不要提起那些令她尴尬的事情。一些只有你们两人知道的笑话也是共谋引用的一种形式，任何人听到这个笑话都不会明白是什么意思，因为他们没有你们之间的联结。

在一段对话中，你会发现女人经常使用某些词。留意这些，因为这说明这些词句对她有某种冲击。比如她说："去年冬天我去三亚过了一个非常神奇的假期！我都不知道怎么用语言来描述这次神奇的经历。"很明显"神奇"这个词是她的口头禅。当你发现这些口头禅，在你们的对话中，你可以多次引用，来达成共谋。比如，你突然聊起你的工作，你就可以说，"我的工作也相当神奇啊！"

共谋会让一次约会特别刺激。只要前面的吸引到位，共谋可以引爆你们的情绪。

转场

如前文所说，从一个环境转移到另外一个环境，会造成人们的错觉：因为时空的变换，参与的人都会觉得彼此认识了很久。转场也是建立联系的重要手段，尤其在约会中，随着你们共同经历的体验不断增加，女生会对你产生一种多重时空的熟悉感。

想象一下，如果你和她刚刚通过一个朋友认识，你们在 KTV 唱歌时聊得不错，一起到门口的小卖部买一包口香糖；在唱完歌之后去附近的麦当劳吃一点东西；然后再一起去附近的小酒吧喝一杯。几个回合的转场下来，你们之间的熟悉感就会变得非常强烈，不再是4个小时前刚刚认识的陌生人。

适当地使用转场，不但可以帮助你们建立联系感，还增加了互动的趣味性，让约会没有那么单一。

寻找共性

物以类聚，人以群分。人会被情绪状态和生活状态相近的人吸引，当你们的共同点表现得越来越多时，她意识到，你们在日常生活中能够相处，有共同的兴趣、观点和生活习惯，而不只是昙花一现的花火，你们是合适的一对。

在对话交流中寻找共性是比较常见的办法。两个萍水相逢的人也会通过互相问问题来寻找共同点。比如最常见的对话：

男：你是学什么专业的？

女：心理学。大二了。

男：有点意思。我昨天刚读完《梦的解析》，精神分析心理学是你们的必修课吗？

通过对话，联结建立了，共同点找到了，你们因为有共同的认知，会觉得相处比较舒适。共性可以是任何事物，联结可以是音乐，甚至是你最喜欢的薯片品牌。你越能找到更多的共同点，你们之间的联结就越深。

"你是做什么工作的？"

"你喜欢什么音乐/电影/小说/电视剧/食物？"

"你有什么爱好？"

"你老家在哪里？"

"你在哪儿读的大学？"

　　这些是最常听到的建立双方舒适感的问题，但是它们不算很好，我们先前就说过，提问并不是很好的沟通方式。比如上面关于女生专业的对话，如果你一点都不了解心理学的话，就没什么话好聊了。

　　有引申的话题比短问题要好。用陈述句提问威胁性不会那么强，还能帮助你发现双方的共同点。要延续对话，你必须留点话梗。比如：

　　男：对了，我认识你的时候，记得你还在念大二。

　　女：嗯，对呀，我主修心理学。

　　男：呀，对大二的女生来说，这样的专业不会压力很大吗？我听说学心理学之前需要先检查自己的心理健康的。

　　女：不会吧！其实没有外面传的那么玄乎。而且我平时还会弹弹琴、打打游戏什么的，没什么压力，哈哈。

　　在这个例子里面，即使你一点都不懂心理学，你也可以通过对话引导来发现她懂乐器，喜欢玩电脑游戏。如果你了解其中任何一个活动，或者你有相关的经历（比如说你小时候学过口琴），那你就可以继续推进话题了。她给你越多信息，你就越容易找到双方的共同点。

　　这里还提供一些开放性的话题：

　　"跟我说说你暑假怎么过的吧。"

　　"你的朋友好像都很喜欢跟着你哦。"

　　（她说了一件自己的经历）"你对这件事好像很在意，应该对你影响很大吧！"

　　（她说了一种情况）"你以前遇到过这种情况吗？"

　　（她提到某个爱好）"这个好像很有趣，你是怎么开始喜欢上它的？"

　　害羞的女人通常需要更多联系感才能让自己放开，她们是正常女人。

开放性的问题可以用来获得害羞女人的更多信息，你会发现其实她们与你有很多共同点。

表达同感能为你们之间增进感情。同感的意思是"我能理解你的感受"。比如这样的表达会更微妙：

"你当时肯定特别开心。"

"你肯定气死了，我知道。"

"你当时一定很尴尬！"

另外一种表达同感的方式就是表达对她目前状态的感受：

"你越说越激动，这件事一定对你很重要吧。"

"听起来很痛苦！"

"你好像因为这件事挺伤心的。"

"哇，你对 ×× 很有激情啊！"

"我从来没见过有人对这件事表现得这么在乎。"

如果你们喜欢同样的东西，那就赞美你们之间的共同点，这同样也是一种展示联结的方式：

"你看的书挺有范儿的嘛！"

"你对音乐的品位真的很棒。"

"你真的很会吃！哈哈，我喜欢。"

"你喜欢足球？喜欢运动的女人很厉害！"

但有一点需要注意的是，不要只是为了迎合她的喜好，你需要真诚地寻找你们之间的共同点。刻意讨好会让你显得虚伪，在她心目中地位降低。已经有大量的男人在向她摇尾巴了，她不需要多一个这样的你。

让她了解你

你需要通过有条理的方式把你过去的经历、现在面对的事情和对将来的憧憬展示出来。通常在没有计划过的情况下，你可能需要花大量的时间让对方了解你，但如果你能够有系统地像讲故事那样把这些东西拼凑在一起，就能够在短短的约会中，甚至一个小时内，让她感觉已经深入了你的生活。不要忘了，女人只有了解你，才会跟你回家的。

首先，要做到有效的背景链接，你需要准备好自己的 DHV 故事，这在我们之前的篇章中已经提到过。这些 DHV 故事是你的闪光点，你可以用几句话或几个字记在手机里，好让自己把这些闪光点记住。不要高估了人类的记忆，很多时候，大家都无法在短时间内，把自己是什么样的人说清楚。你需要一定的练习，才能发挥自己这些闪光点。

其次，你需要学会做到"多重脉络对话"。多重脉络对话指的是你在谈话当中，不断地穿插和切换话题。这样做的好处是，让话题保持新鲜的同时，使对方觉得谈话氛围轻松、随意，好像熟人一样的感觉，而不是把一个话题谈到无法再接下去的时候才切换。多重脉络对话的形式如下：

（1）提出多个话题。

（2）推进其中一个话题，搁置剩余几个。

（3）搁置当前话题，重新推进刚才搁置了的话题。

（4）继续切换。

随着你的故事不断增加，你要把多个故事的"过渡点"缝合起来，就可以连接成一整片相通的对话脉络。准备充足，就不愁没有谈资了。

我们需要注意的一点是，这些话题之间要符合实际情况，要达到建立吸引和建立联系感的目的，不然的话，你的表现会变成疯言疯语。

描述你们目前约会的积极进展，也能让她感觉对你的了解加深了。

举些话语实例：

"你有没有发现我们刚见面十分钟就开始聊隐私了呢？两个人能熟得这么快还真是……哈哈。"

"哈哈，我们才喝了 5 分钟的咖啡就已经在谈论结婚问题了，是不是有点过分？"

"嘿，我们才刚认识，居然就哄骗我告诉你我爸妈都不知道的秘密。"

懂得展示自己敏感的一面

"敏感面"指的是一个人脆弱、尴尬、青涩的一面。大部分男人只希望展示最好的一面给女人看，但却不知道其实适当地展示自己的敏感面可以让你看起来更像一个活生生的人，女人会因此更了解你。什么是敏感面？举一些例子：

尴尬的故事。

初恋的失意。

小宠物的离世。

对亲人的爱与矛盾。

一切你不会告诉普通陌生人的小秘密。

我不是让你暴露出自己负面或者变态的一面。展现一些属于你人格特性的敏感面并不是贬低自己。你可以用些有点小丢人的故事来展现你的另一面。不过要先保证你说的事是可能发生在每个人身上的，而且你很好地解决了这件事。你不能跟她们说一些让你看起来像个大蠢货的故事，比如你喝醉了以后喜欢跳脱衣舞，或者你尿床、生气的时候会摔盘子等，一点也不酷。

在透露自己敏感信息的同时，你也需要给对方空间去展示她的敏感面。这样有利于你们两人之间建立互信，这是一个秘密的交换的过程。在展示这些敏感面的时候，你可以适当地用幽默的方式去展现。不要埋怨，不要带有负面情绪，千万不要真的展示一些低俗丑事，比如你偷窥隔壁宿舍女生洗澡之类的事情，拜托，那是"阴暗面"，不是敏感面！

运用冷读术

任何信息都会先被听者过滤，再和自己的个人经历对照。冷读就是利用了这一点，能让你看起来像对一个人有很深层次的了解。人都会以为自己很特别，即使他们和其他人在性格上有很多共同点。因此，冷读建立是建立联系感非常有效的一招。如果你跟一个女人聊天，刚见面没多久就能准确地说出这个女人身上的一个深层次特性，她会觉得你很有深度，并且会琢磨为什么你能这么了解她。

不过，要记住哦，在冷读的时候要真诚。你说的东西至少要有一部分是真的，最起码前后要连贯。如果她是一个派对狂人，玩得很疯，嘴巴动得跟机关枪似的，你最好不要说"我觉得你的内在是一个很文静的人"。

我们前文说过，在任何情况中，冷读都不是撒谎，只是根据你对她行为和性格的观察所做出的大致评价。"你是一个很乐观的人"，够笼统吧！你基本上可以从许多情形中提取出冷读的线索。

"你笑起来就像一个小女孩儿一样。但是，我觉得其实你自己对世界有很多理解，只不过很少说出来。"

"我想，很多人会觉得你很成熟，但是我知道。我可以从你的眼睛里看出来，你的内心其实还是一个小女孩儿。"

冷读的关键就是真正地开始观察别人。你愿意的话可以用本书中给的案例，但是你自己观察出来的东西是更有信服力的。

当心！别当情感垃圾桶

一般来说，一个女人被你吸引时不太会把负面情绪丢给你，因为她会担心把你吓走。如果你发现她开始主动讲她伤心的过去，跟她爸妈吵架的经历，对她前男友还余情未了，那有两种可能：

这个女人很容易打开心扉，喜欢向人倾诉。

你把可得性释放过头了，很可能已经冲淡了自己先前展现的吸引力。

无论哪一种，在这个时候，她已经把她情绪问题的水闸打开，准备向你喷涌了，你很危险。如果你发现自己已经沦落到这个地步，眼看着要开上"我们还是做朋友比较好"的高速公路，赶紧踩刹车！你不能成为她的情感垃圾桶，像一个"男闺密"一样分担她所有的痛苦。

你可以半开玩笑地说："再继续聊下去，我就要收你 200 块的心理咨询费了。你带卡了吗？"

或者更大胆一些："没想到你已经把我当男朋友了。作为一个优秀的男朋友，我会为你分担痛苦的，来，我的肩膀借给你。"

这些玩笑能让她意识到，她向你索取了过多的义务，而没有作相应的投入。这是一次友善的提醒，同时撤回你释放过多的可得性。你要让对方明白，你的情绪不是廉价的，你只会为关系足够亲密的女性分担她的负面情绪。

如果经过"提示"她还未能理解两个人的交往需要遵守一些基本原则，

你可以直接友善地提醒她："我们换个话题吧，我觉得现在不是很想聊这些。"这能够瞬间打破她的倾诉状态，也会导致她想对你进行废物测试。一旦通过这些测试，你将获得新的机会去启动吸引力开关。

最合理的表白方式

关于表白，有一个很流行的段子："表白是最终胜利时的号角，而不是发起进攻的冲锋号。"

男女交往时，升级关系有个前提条件：你们之间有足够的吸引和可得性。如果没有这个前提，男人向女人表白后，会很容易被女人拒绝，两人关系还会急转直下。所有失败的表白都是因为没有考虑这一点。

在传统思维里，表白是直接用语言向女人表达自己想要突破现有关系的意图，比如"我爱你""你可以做我女朋友吗？"如果她接受你的表白，代表着女方需要承担起恋人的角色责任，但在女方还没做好心理准备的情况下，这样的表达会对她形成很大的压力，女性会通过本能地拒绝来避免责任。这也说明了为什么很多男人在表白这一环节掉链子，掉进"表白死"的陷阱。

"表白死"源自两个因素：相互吸引力不够或可得性不足。

如果一开始就给予对方过多的压力，让对方一下子承担起恋人的责任，会让被表白的一方感到十分不适。

在大多数情况下，直接的语言表白其实是不必要的，因为有很多其他的表达方式可以代替，比如身体语言、态度和行为。表白并不一定会破坏关系，只要表达到位，能够让本来足够亲密的关系更明朗地推进。你必须学会使用不同方式、不同程度的表白。

图 5-14

　　表白遵循着阶梯原理，你应该由浅至深地让女人慢慢接受你。表白其实暗藏在你对她的每一次"兴趣声明"之中，不一定一张嘴就要说"我爱你"。如"你眼睛很漂亮""我觉得你是个心地善良的女孩"等是比较浅层的兴趣声明，它不会给女生造成任何的压力或者尴尬，你对她的称赞就是兴趣声明的一种；更深一层的兴趣声明是"我觉得你是个吸引人的女孩""我觉得你性格挺好的，我比较喜欢性格好的女生"，这些语句会表达出你对女生有更多的兴趣；至于"我喜欢你""做我女朋友"一类的兴趣声明，是最明确的表达，你需要确认双方有足够的默契才能这样表白，因为它没有回头路。

　　因此，最合理的表白方式是先确认你们的默契程度，以此为参考，判断你们之间的关系程度，再向她表达兴趣。如果表白不成功，说明你表达的兴趣程度超过了她对你们这段关系的预期，你应该忽略女人的回应，清除掉被拒绝带来的负面情绪，重新去启动吸引力开关。还记得我们提过的"默契测试模型"吗？遵循这个模型回到互动中去，不要问女人"为什么"，因为她很可能就没想过具体原因，被追问起来她反而需要为自己不喜欢你寻找理由。一旦她找到了，你就没机会了。

约会中的注意事项

随着约会进行会有很多不稳定因素，你应该把所有不稳定因素都考虑在内，将风险降到最低。有了之前的约会安排，大部分事情都变成了可预测的。但约会中还有很多不可控因素，而且不同地区也有不同的风俗习惯，这些都可能会对你们的约会有一定的影响。接下来你需要学习如何在约会中尽可能地主导可控部分，了解一些在两性交往中的原则性问题，你才能控制自己，把握好约会节奏。

正确使用社交认证

任何环境里都会有一个社交气氛浓厚的中心地带，只要与这个中心有一定交集，女人都会对你产生认同感，从而更投入到与你的约会中。比如，在你的生日派对上你自然就是社交中心；你们在餐厅用餐时，餐厅的服务员与经理都与你很熟悉，主动过来跟你打招呼或者对你服务特别好，那女生会对当下的环境更为放心，对你也更为关注。其实做到这点很容易，只要你对所处环境的人礼貌友善就足够了，你尊重他们，自然他们也会对你好。

同时，任何社交环境中都不能避免有别的男人作为潜在竞争对手或障碍存在。你要争取比别的男性更多的社交认证，并且能够为他人提供社交价值。你需要保持对其他男性的尊重，给予他们轻松友好的关注。如果有别的女性朋友，将她们介绍给其他男人可以解除他们的敌意，同时显示自己的社会价值。有些学者将这种行为称为"抵押"，即通过将自己的女性资源抵押给潜在造成障碍的男人，来换取更多空间与你的目标互动。在我看来，这也是简单的社会价值流动表现，利用社交认证向其他男人证明自己的价值，他们自然会回应好的态度给你。

最差的情况下，你可能会遇到同性的挑战。他们不会太过明显，但往往出于男人尝试证明自己的潜意识行为。比如：

其他男人："你是在哪儿工作的？"

你："我在×××。"

其他男人："哦！这样啊，我认识你们领导，陈大明，你认识他吗？"

如果是竞争行为，他们会在女人面前努力证明自己多么厉害，多么见多识广。这其实无关紧要，忽视他们的挑战，把关注点转移到群体的互动中去。如前所述，太过努力证明自己其实是一种透露出低价值的表现，你应该感到欣慰。

如果约会时她带了朋友

如果女人叫上她的朋友一起出来约会，你需要更多照顾这些"附带"的朋友。女人带朋友出来约会的原因很多，有可能是她本性怕生，也有可能是朋友关系非常铁，想要帮她鉴定对象。这些背景我们先抛开，只要她出来与你约会，无论带没带朋友，都已经是对你的肯定。如果带了朋友，在这次约会中，她的朋友可以说是起到举足轻重的作用。可以想象，如果你只和目标女性互动，却忽略了她的朋友，朋友会觉得非常无聊，最后给你的评价将会变得很差。

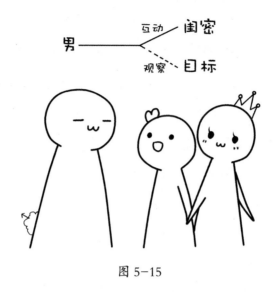

图 5-15

如果把她的朋友当电灯泡，会让你失去作为男人应有的风度。记住一点，她的朋友对你的一句评价，对她的影响远大于你 1000 句甜言蜜语。在回家的路上，她们势必会谈论你，这时候，她的朋友可以是你的得力助手，也可能是灭口的女杀手，这一切都取决于你的所作所为。

在互动的时候，你应该给予她的朋友更多关注，友善地展示你是一个优秀的男人。不用担心真正的约会对象被冷落，因为由始至终，她都在观察你是什么样的人，你与身边的人如何交往，一举一动都会尽收她的眼底。

约会初期，不要接受她的邀约

如果女人邀请你参加她或她的朋友举办的活动，一般来说，在你们之间还没有很强吸引和联系的情况下，婉转拒绝是最明智的。

一个不是很贴切的比喻：单刀赴会和严阵以待，你愿意选哪个？

参加对方主导的活动和让她投入到你们的约会中去，是天差地别的两个概念。

女人应邀赴约，目的很简单，她出来就是为了你。但是如果她邀请你参加一个活动，很可能当时她的主要任务就不是为了见你，只是顺便把你叫上。举例来说，单身的社交名媛就喜欢在生日时叫上一群备胎来给她撑场面。

在女性主导的活动中，她本人能够给你的关注是极少的，赴约很可能让你变得被动和尴尬。如果随意赴约，很可能会降低你在对方眼中的价值。除非带上一两个超级漂亮的女伴和你一起赴约，用预选塑造你的高价值，但那又是另一个故事了。

等你们建立了足够的感情，你可以明确地感受到她邀约的目的是与你见面，这种情况下由她来安排约会，你可以体会到期待与惊喜。这样的约会将是非常棒的体验。

预期判断偏差原理

"明明我跟她的互动进行得很顺利，她也给了我不错的回应，但一到关键时候她就开始回避，让人摸不着头脑。"

"我觉得她应该是喜欢我的，要不然她不会让我靠她那么近，可她就是不接受我。"

在男女交往中，每个人对两人关系的判断都会有所偏差，如果你因为判断偏差而行为不当，就会破坏掉先前发展得很好的关系。一般情况下的判断偏差表现：投入的一方总在交往中习惯将预期放大，而被动的一方则相对预期较小。男女朋友间就是一个很好的例子，你认为你对女朋友已经很好的时候，她总觉得你对她不够好，应该要更好，这就是预期偏差的体现。

尤其在约会初期，如果由男人主导关系，那么男人会容易预期过高。假设实际两人交往的成熟度达到 60%，在男人的角度，会认为成熟度已经达到了 80%，他会迫不及待地想要升级关系。但在女人的角度，这段关系成熟度只有 40%，她认为交往还需观察，难以接受关系进一步前进。此消彼长中，男女间看待关系的偏差是倍增的。本书中以这种现象作为例子，将它总结为"预期判断偏差原理"。

出现男女交往的预期偏差有两个原因。其一，男人在主导约会时，他的行为很大程度上取决于女人的反馈。由于缺乏确认默契的常识，男人常常不能判断出女人反馈的真假，所以会把接收到的信息误读成女人发出的求偶信号。其二，当男人面对有感觉的异性时，体内分泌出大量的睾酮素和雄性激素，这导致他本能地增强了对女人的需求感，从而做出错误的判断，不能够理性看待两人的交往程度。常常有人笑谈这种现象就好比血液循环加快了，但只停留在下半身而没有循环回到脑子里。

约会需要不断挑起对方的情绪

"上次我和她互动得很好，她还说以后有机会请我吃饭，但我再约她时她用很多理由拒绝了我。"

"我们在短信里已经很亲密，但出来见面以后气氛就很不对劲。"

"那次见面我们聊得还不错，但之后我再发信息给她就变得很冷淡了。"

不要预设立场，认为每次与女人的约会，她都应该像上次一样回应你。事实是，上一次互动的结果，和这一次约会没有必然联系。不管之前你们有多融洽、多亲密，但只要有一个阶段的停顿，就有可能让你们的联系感归零。你需要重新开启前三段的约会流程，重建联系感，重启吸引力开关。

男女交往很大比例由情绪决定。人类情绪的改变会直接影响行为，因为情绪受外在因素和个体内在因素所影响。先前，你们的互动很好，但环境变迁，加上在不同情境里人的情绪都会有所不同，你们需要通过沟通先达到情绪同步，才能接着升级关系。不明白游戏规则的男人总以为约会和打电脑游戏一样，接着上次的进度继续，存档坏了说明女人变心了，这是基本归因错误，人们都倾向于以人格来解析行为，将人类行为完全归根于人格特征，低估了环境的影响力。在情绪的驱使下，人容易做出非理性行为，但经过事后理性分析，一般都会再次认真考虑之前的决定。女人刚开始对你有良好的感觉，迅速地与你发展关系，都是受情绪推动的。一旦她情绪回落，便会展开理性思考，这种思考包括质疑自己先前与你的交往，是发自内心的感受，还是仅仅被表面迷惑。你需要做的是将她的情绪再度燃起。

野兽绅士 约会与联系中的有效吸引力开关

正直

正直是一个男人对自己的要求，而不是他评价别人的标准。对自己要保持言行一致，女人能从你的言行中判断你是不是虚情假意。敢作敢为、勇于承认错误，女人们对这样的特质有一种近乎本能的识别能力，而且会不可抗拒地被它吸引。

勤奋

"认真工作的男人最有魅力。"这句心灵鸡汤从一个侧面体现出，男人的上进与野心能很好地吸引女性的青睐，勤奋会从更深的层次展示出男人这些方面的特质。懒散的男人让女人绝望，因为她们认为自己很难和这样的男人一起获得更好的人生。

不嫉妒

嫉妒是不自信的表现，只会降低你的价值。嫉妒具有进攻性，让女人觉得与你的交往很危险。

保护欲

女性在择偶时，除了挑选身体健康强壮、头脑聪明、资源丰富的男性之外，还要求这样的男性能主动为自己提供资源，在外部因素形成威胁时能保护自己和后代，对自己也要有无微不至的照顾。因此，会照顾女性的男性会得到优待。

冒险精神

第一个敢于吃螃蟹的人，往往能成为一个成功者。敢于冒险的人会显示出令女人倾慕的勇气。主动设计一些具有冒险意味的活动会让你魅力大增，比如安排户外运动作为约会内容。

信念和原则

信念和原则决定了你的框架。坚持自己的追求和底线，能够让一个男人始终主导关系的进展。女人喜欢与这样的男人来往，因为这样的男人能够"驾驭"自己。

善于赞美

没有一个女人不喜欢听到男人的赞美，区别仅在于赞美的水平如何。随着你们对彼此的了解不断加深，她也希望知道在你眼中的自己是什么形象。赞美她并不是目的，而是强调她和你在一起时更与众不同。与懂得欣赏自己的男人在一起，女人才会更有魅力。

袒露心扉

你要知道什么时候该生气，什么时候该着急，什么时候该真情流露。感情丰富的男人才能给别人爱。袒露心扉可以让她知道你是在乎她、爱她的，并因此与你的关系更进一步。毕竟你私底下偷偷幻想再美好的事情，如果不表达出来，她也永远无法发现。

CHAPTER 06

升级关系时，请在合适时机使用核动力

女人一生当中，会遇到很多想拥有她身体的男人，

但真正能抚摸到她灵魂的，却很少。

野兽绅士 不触碰她，她就只是《蒙娜丽莎》

我曾听一个女孩对我说起我们的身体接触："我会下意识地避开你，但也会下意识地贴近你。你没有生气或变冷淡，还是若无其事地和我谈笑玩耍。我喜欢这种感觉，也喜欢你这么做，我自己也不知道为什么喜欢。但是我知道，我不喜欢那些在我躲开以后就马上变得紧张严肃的男人。"

为什么她会喜欢与我身体接触？归根结底，两性相吸，身体接触能唤醒她的"动觉"。因为双方之间有爱的吸引，女人和你一样渴望身体接触。所以绅士们，相信自己的直觉，请主动出击。

西方在论述这样的身体接触时，会使用一个很重要的词语："Kinesthetic"，本书将它理解为"动觉"。

"Kinesthetic"是从希腊文"Kinein"（移动）和"Aesthetikos"（感知）合并而来的。亨利·查尔顿在 1880 年第一次把这两个词放在一起。他作为科学家写过一些关于人类脑部研究的专业论文，他用"Kinesthetic"这个词来描述大脑中枢对身体的感觉。

在 1983 年，霍华德·加纳在他著名的《智能结构》里借鉴了这个概念。该书阐述了人类的 7 层智能体系，里面有一层智能就是"身体动觉"。NLP（神经语言学）借鉴了这一系列理论体系，提出了四种可以直通女人心灵的沟通路径：

- 让她形成非常生动的视觉画面；
- 让她感觉到非常愉快的身体感觉；
- 让她感觉到非常强的情绪联系；
- 和她的价值观念产生共鸣。

对本书来说，我们同样可以借鉴这些成果。至少我们已经知道了三种和女人互动的基本框架：

- 用个人形象和身体语言来进行视觉沟通；
- 用语调和交谈来进行听觉与思维沟通；
- 用身体接触来进行动觉沟通。

如果我们只是交谈，那么就只能和女人停留在一个维度交流。但是如果我们从三个层面立体地和女人互动，这样的互动效果将会非常丰富、有效。语言和视觉是抽象的，而身体接触却很真实。

为什么会这样？因为女生和你建立了触觉感应，她对你来说就更加真实可得，然后你对女性所有美丽的遐想都与真实的她关联了起来。同样，她爱上你，而非爱上吴彦祖的照片，就是因为你对她来说更为真实，更为可得。身体的接触是任何语言都不能够代替的。

盖瑞·查普曼《爱的五种语言》提到，在五种爱的语言里面，身体接触是所有女人都渴望的。身体接触是爱的表达方式，我们要正确看待，这并不猥琐，你也不用觉得不好意思，这一切都基于爱的基因。

我们本章就将围绕这个重点展开。我会在下面的内容中告诉你如何破解身体接触上的焦虑，把握好在约会中与女人接触应有的分寸。野兽绅士，考验你魅力的时候到了！

破解焦虑，你可是野兽绅士

成功人士往往都善于和他人接触，在跟女人相处过程中，男人也应该学习这点。身体接触是两人关系升级过程中至关重要的环节，适当的触碰是友善、自信的表现。当然，前提是你要懂得怎样触碰才能不显得笨拙。因为害怕被拒绝而表现出的犹豫和焦虑会让男人显得紧张和缺乏自信。

你有没有试过跟一个女人已经互相产生好感，但就是捅不破那张薄薄的纸，不敢主动和她进行身体接触呢？或许你寄希望于一个"偶然"的契机，自然而然地与她亲密接触。别因为害怕被拒绝，而搞砸了升级关系的机会。

是的，这就是身体接触焦虑。

这种焦虑产生的原因，是两人在精神联结不断升级的同时，忽略了身体接触的同步。举例来说，男女双方在认识后，没有任何铺垫，突然就牵起对方的手；再过了段时间，又没有任何预兆，突然强吻。这些都是不对的，要在尊重女性的基础上，了解身体接触的分寸，这才是正解。

上述跳跃式身体接触是极端错误的方法，往往会被视为性骚扰，因为女方没有任何心理准备，没有铺垫的话，双方的心理落差都会非常强烈。她不舒服的感觉最终也会投射到你身上，不但让你觉得紧张，在接触中，你自己也并不舒适，总觉得缺少什么。

相反，舒适的身体接触应该是舒缓的、线性的、尊重对方的。不同层次的身体接触之间有一系列的小铺垫作为试探。在两人情感关系逐步升温的过程中，逐渐增加身体接触，两人会越来越亲密。在过马路的时候突然借机牵她的手这类唐突的行为不应该出现，一切接触都应该在自然而然的情况下发生，双方的关系如温水煮青蛙般一步一步地推进。

通常情况下，你的焦虑都是由两人身体间的陌生感引起的。我建议你通过一些合理的触碰，先让双方积累熟悉的感觉，然后再测试对方的默契程度。

随着这些小的身体接触不断地积累，你也就能够更好地把握对方的默契程度，逐渐升级你们之间的关系。

无论你想采用什么办法，所有的身体接触都应该是自然而然的，而不是精心准备的。很多电影里演过的情节：假装打呵欠、伸懒腰，然后顺势将手搭到女孩肩上。这些虽然看起来很搞笑，但事情的确就是这样，顺水推舟才更容易被她接受。

三种尝试，可以帮助你缓解焦虑，分别是意外型身体接触、自然型身体接触、保护型身体接触。

意外型身体接触

你在不经意的情况下，和对方身体轻微触碰，能有效地降低女生对你的陌生感。可能是你在转身时的一个小碰撞，也可以是你在拥挤的地方一个不小心的摩擦。

无意识的身体接触更多是展现出非刻意性，例如：

- 并肩而行时身体无意碰到对方肩膀；
- 下雨时你们共持一把伞，你轻轻把手搭在她的肩上；
- 你们坐在长椅上，无意间接触到对方膝盖；
- 你指向远处的景色时，轻轻拍她的肩。

自然型身体接触

你们在互动过程中会打闹嬉戏，这时的身体接触会非常自然，就像是认识很久的朋友之间的触碰一样。女人调皮时，你可以轻轻地拍拍她的脑袋，这样有利于你们的情绪同时快速升级。一些轻度的、有趣的肢体接触可以尝试一下。例如：

- 微笑着轻轻推搡；
- 牵起她的小手转个圈；
- 手指触碰。

保护型身体接触

在公共场所，对她的身体进行保护是很绅士的行为，同时也合情合理。保护性身体接触在任何阶段都很适合，能大大地增强你们之间的吸引，给她安全感。例如：

• 牵手引领她穿梭于熙攘的人群；

• 走在人行道边上的时候用手轻触她的肩膀，示意让她走内侧；

• 过马路时下意识地用手去挡一挡可能会碰到她的人群；

• 在拥挤的地铁和公交车上为她形成保护圈。

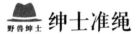 绅士准绳

早期适度接触

总有很多人以为，触碰女人必须是对方喜欢上自己以后才可以，这是非常错误的观点。其实，早期适度接触，你们可以更快互相熟悉对方，也更容易建立信任。

处于社交场所时，你需要对在场的每一个人进行适度的身体接触，这样的举动能让大家知道你是友好、热情的人，没有其他目的。这些身体接触包括：有礼貌地握手、聊天尽兴时拍拍肩膀、玩耍打闹等等。

在早期适度地身体接触，让对方适应与你在更近的距离进行交流，可以让她产生舒心的感受，为以后能够顺利地升级关系打下基础。

学会"释放"身体接触

每次身体接触都要懂得"释放",你要学会主动结束接触。没有释放的身体接触会让女人产生不适,当这种不适感累积到一定程度时,她就会反感,认为你是一个毛手毛脚的色狼。所以,主动释放是为了让对方适应你们当下身体的亲密程度,给对方舒适的空间,这也是绅士应有的态度。

如果你觉得你的触碰有点过度了,没有关系,释放一会儿,继续吸引。先增加联系感,然后再次升级。

每一次身体接触之后,你都应该主动释放。如果你能够每次都主动释放,女人会觉得你是一个知进退、有分寸的男人。她会认为你的行为是绅士的体现。此外,恰到好处地释放,非常有利于你们累积恋爱张力。循序渐进地将接触和释放交替进行,能大大地增加你们之间的亲密度。

欲速而不达,给女性空间才是绅士的品格。

自然接触,没有所谓的"重要时刻"

你不应该心存侥幸,期待电视剧般的"重要时刻"。

一些浪漫时刻的确非常适合做亲密的接触,但它必须建立在男女之间已经有足够的熟悉和信任的基础上。如果一直刻意等待重要的时刻,很可能会错过值得珍惜的瞬间。

前文我们就已经解释过,身体接触应该是缓慢上升的,而不是跃进式的。你们的触碰应该是自然过渡的,你需要有所铺垫,而不是总是等待戏剧性时刻的降临。突如其来的牵手、拥抱和亲吻会让女人觉得你很刻意,进而怀疑你从一开始就图谋不轨,因为这会显得你是在等着合适的时机去吃她"豆腐"。

"主动"是你的责任

作为男人，你在大多时候承担着主动带领双方关系推进的"责任"。没有办法，这就是游戏规则，大多时候女人不会主动带领你，去牵你的手。在普遍的两性关系中，这都是男人的责任，你必须承担主动的责任，关系才能如愿推进。主动的态度能让男人散发出野兽绅士般的本能魅力。

身体接触会让双方的情绪感受更加真实。在没有身体接触的情况下，双方的精神交流不管进展有多快多深，你们的关系始终没有具体地映射到现实里。出于人类大脑的本能，只有产生了身体上的接触，双方才会真正意识到这段感情是作为实体存在于世界上，真正的交集这时才得以开始。所以，主动触碰她，代表着一种宣示：是你在承担主动的责任，她不必瞻前顾后，只要相信你就行了。

野兽绅士 带着对《创世纪》的敬畏触碰她

　　身体接触与我们的身体感知相关。运动神经元通过将信号传送到我们的肌肉，控制我们身体的动作；感觉神经元通过身体感觉的形式来向我们提供信息。

　　因此，身体接触能够解释为：人以身体行为作用于他人的皮肤神经元，借此传达信息。这种信息的交流在不同的文化中可能会存在着巨大的差异。甚至是在同一种文化中，不同的人对于相同的身体接触理解差异也很大。这些都说明了身体接触确实是因人而异的，对一个人来说是礼节性的身体接触，而对另外一个人来说可能就意味着是亲密的身体接触。

　　不管你是在哪种文化氛围中成长起来的，我们不可避免会和别人进行身体接触。这是一种温柔的交流方式，我们的基因将它理解为安全和信任，所以人天生就乐于回应身体接触。在大部分情况下，身体接触交流比言语交流更为直接。特定类型的身体接触会刺激多巴胺、睾丸激素、催产素，以及其他一些神经化学物质的产生，这些化学物质对人体的刺激有益于两人情感关系的提升。

在这里，为了容易理解，我将身体接触分解为四个环节：适应型接触、营造舒适感受、试探彼此默契和接吻。

适应型接触

在刚开始认识一位女性的时候，眼神是建立双方联系的最佳启动点。当然，你应该向她的朋友显示你的价值，而不应该老是盯着她，因为这样容易让对方觉得你需求感过剩。一旦你和她有交流，不需要害怕对方炽热的外表，应该直接和对方进行眼神接触。这样做可以显示你的社交感知能力，以及让她知道你并不像其他男人一样害怕她的美丽外表。

这个阶段，除了上文所述，使用能有效降低陌生感的意外型身体接触外，你还应该通过礼节性身体接触让她感受到你对她并无恶意。范例：

- 握手；
- 击掌庆祝；
- 轻拍肩膀，引起她的注意；
- 互递东西时的触碰。

营造舒适感受

通过适应简单的触碰，你们已经成功度过了陌生阶段，这时候增加无意识的、礼貌的身体接触，更有利于你们加深了解。你们可以开始通过保护型的身体接触增加信任。

这个阶段，安慰与友谊性的身体接触可以很好地营造你们之间的舒适感受。

安慰型身体接触

安慰型身体接触表达"我理解并且支持你"：

轻拍肩膀、背脊；

捏一捏手臂；

坐在一起时，轻拍她的膝头；

一只手环抱她的肩膀。

在她遭受挫折或不幸时，这样的安慰可以让她放松心情，对你产生安全感。

"你打不开这瓶水？这么弱（轻拍肩膀），我帮你。"这就是典型的安慰型身体接触。

友谊型身体接触

友谊型身体接触传递的意思应该是："我尊重你"。

像朋友一样的触碰，但又不越界，表达了你对女人的尊重。

像朋友一样的触碰顺序是很重要的，毕竟你要的并不是做朋友。触碰亲密程度从"普通朋友"到"密友"。你要随着关系的推进去推进触碰的程度。比较推荐的顺序：

- 轻拍额头；

- 拍肩膀；

- 击掌庆祝；

- 握手；

- 将手放在她肩膀上一会儿；

- 胳膊与手臂的触碰；

- 握住手腕；

- 两人膝盖无意识的触碰。

朋友似的触碰是两人在暧昧阶段推进关系的最好方式。这个触碰过程既不会显得过于刻意，又给了女人足够的尊重和安全感。一步步地增加身体接触，可以表达好感，顺利破冰，让你们不停留于友谊。

试探彼此默契

如果对方发出了一定的 IOI，你可以进一步增加彼此间的身体接触。并且可以通过身体接触测试对方的 IOI 是否真实，以此来验证你们之间的默契是否达到了你想象中的程度。她在身体接触上给你的所有回应都可以明确显示你们之间吸引力的真实程度。

需要注意的是，身体接触应该表达的信息是你对她感兴趣，你想展示自己的友好、热情，不应该带有任何性含义。在此阶段，无论她的回应是否确认了你们间的默契，都应该懂得及时释放。黏着她不放很容易让你们的关系在这节骨眼上开倒车。

你可以通过触碰告诉对方："我挺喜欢你的。"

案例一：拥抱测试

进行拥抱测试的最好时机是在约会结束时。

友谊性的告别拥抱很难持续 3 秒钟，如果拥抱持续了 6 秒钟，那么就意味着就已经升级成了另一种拥抱了，这标志着你们的关系正从友谊进化到下个阶段：恋爱。所以，分别时拥抱一下，别太快放开，看看她反应如何。

案例二：手与手的触碰

古代哲人曾说过："如果眼睛是灵魂的窗户，那么手则是心灵的窗户。"手与手的触碰就意味着心与心的触碰。

比如：电影《肥皂盘》(Soapdish) 中，男女主角有一个非常精彩的情节，他们仅仅用手与手之间的游戏便营造出了恋爱的氛围。这种身体接触方式是非常有借鉴意义的。

勾手发誓

勾勾手是一种简单好玩的游戏，我们在孩童时和别人一言为定都是用这种方式。你与女生之间如果做出什么约定，也可以用这种可爱的方式进行身体接触。如果她很开心地与你勾手发誓，说明她与你之间已经有了一定的默契。

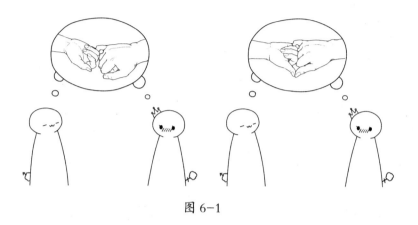

图 6-1

如图 6-1，第一步：两个人的小手指勾到一起；第二步：两个人的大拇指合到一起。

在勾勾手的时候，你们还可以交换不同的手来玩。

静止时的手指触碰

如图 6-2，如果你们坐在桌子的同一侧，你可以将手靠近她的手附近。她只要不避开，就证明你们已经可以进行很近距离的交流了，时不时无意间碰到对方的手也是很自然的事情。随着你们交流的增加，你们触碰的机会变得越来越多。如果她主动将她的手放到你的手上，那说明她很乐意接纳你。

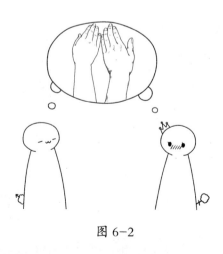

图 6-2

手指牵手

婴儿会本能地抓住放在自己手掌中的手指。你可以学习这一点，如果她抓住你的食指，证明她已经认可你们的关系突破了友谊区，如图6-3。

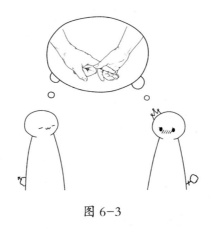

图 6-3

在桌面之类的平台上，手指牵手还可以转变成五指牵手，如图6-4。

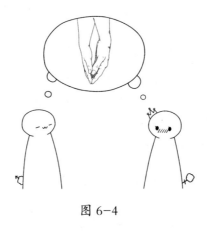

图 6-4

你们的手指可以自由地轻轻移动，最好同时保持交谈，聊你们之间的生活也好，乐趣也罢。倾听她说话时，微笑着回应她的话题，是增进感情的好时机。

牵手

　　图 6-5 这样的拇指交叉牵手是很常见的牵手方式。虽然不同的牵手方式能传达不一样的情绪，但十指紧扣是情人间才会做的牵手方式。在你用拇指交叉牵手时，如果她回握你，你们的手握在一起好几秒钟她也没有回避的意思，你就可以尝试十指牵手。

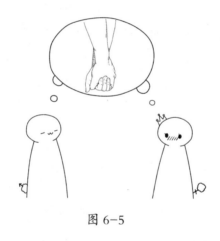

图 6-5

　　手指交叉时，假如她的手掌仍然张开，意味着还没能接受你的行动，这时候要及时释放，如图 6-6。

　　优雅地放开她的手，不要反应强烈。在约会中继续互相了解，并保持营造能带给她舒适感受的身体接触。过一段时间后再试试和她十指相扣。

　　能够和她十指相扣意味着她能够接受这种行为，证明你们的关系已经比较熟了。作为承担主动责任的男生，可以试着从身后抱住她，这样与她十指相扣，如果她的手也给你相同的回应，说明她接受你的拥抱。反之，

图 6-6

如果她的手对你没有回应，即便身体不回避，你的拥抱仍然是过于超前的，要在气氛冷下来之前赶紧释放开。

接吻

千万不要问"我可以吻你吗"。每个女人都渴望水到渠成的浪漫一吻，问这样的问题只会大煞风景。

你应该先拥抱她，然后轻轻亲吻她的额头。接下来，轻轻亲吻她的面颊，让她有心理准备。这样程度的亲吻很快就会燃起你们之间的火花，如果她已经接受这样的关系进展，会对接下来将要发生的事情无比期待。

这时，你的双手有三件事可以做：

——左手轻扶她右上臂，右手扶住她的腰部。

——双手放在她耳后，托住她的头。

——单手扶腰，一手伸到她脑后，向侧边轻拽她的发根，牵引她的头部转动。

这是三个能够一直提升她情绪的肢体语言，如果操作得当，甚至能让她产生一种身处电影情节中的浪漫感觉。所以加油练习吧！

接吻案例：三角凝视法

这是一个从眼神接触过渡到接吻的调情方法。

"三角凝视"式的眼神接触充满了吸引力，我们会经常在电影、电视剧（尤其是韩剧）中看到这样的眼神凝视。

眼神接触顺序：

凝视她的一只眼睛；

目光划过她的双眉，直到另一只眼睛；

稍作停留，然后凝视她的嘴唇。

在"三角凝视"的过程中，你必须饱含情感，动作舒缓。把呼吸频率放慢下来，然后跟着气息走。眨眼也要轻而缓慢，一次眨眼可以慢至一秒。享受沉默，如果她想开口说话，将食指放在她唇上，打断她。然后轻轻凑近她，直到你们鼻尖相触。在此处停下来，轻缓地深呼吸，让她感受到你呼吸中的热量。

野兽绅士 细节决定成败

男女之间的身体接触有许多需要注意的事项。即便你所做的都是符合礼仪的，这世界还是有很多因素在影响着你们的接触。在和女人的交往中会发生无数突发情况，这些注意事项也许能让你心中有数，更好地处理好不可预知的变化。

女人的自我保护机制：矜持

矜持是女性天生就具备的内在机能，帮助她在男女亲密的过程中进行合理的推诿，能够确保自己不容易受诱骗。

女性常常会竭力与男性保持距离，她们会表现出对身体接触漠不关心，甚至厌恶，而事实却恰恰相反。每个人在与喜欢的异性接触时都能获得愉悦，女人总是拒绝承认这一点。其实男女之间有亲密关系是很正常的，男人一定要了解女人的想法，不要因此而误会她。

女性的矜持表现为常常回避过往的恋爱经历；在发生身体接触时，会下意识地躲开。

男人常常把女人的矜持，误认为是拒绝。男人对矜持的过度反应常常令双方都受伤。所以，你需要理解她的矜持，别把她所有的抗拒都理解为拒绝，更不要生气。只要你们的关系总体上是在升级，那么一两次的闭门羹就坦然接受吧。

进退有据

如果身体接触没有被女生接受，你可能会有自信心骤降的感觉。没错，你们的关系出现了倒退，但只是体现在身体接触这个层面上。从哪里跌倒，就从哪里爬起来，你需要返回初始阶段，重新开始建立吸引和联系感。

身体接触要遵循默契测试的原理，如果她在抽离，那么你也需要抽离，以冷静的态度来回应，减少主动的触碰。同时，不要因此而焦虑，因为你们并没有结束，你只是遇到一点小小的状况而已，总体上来说，关系还是在前进。你需要冷静，原路返回，重新组织，并且重新开始！

接触的时间

同一种类型的身体接触，不同的人可能会有不同的结果，接触时间的长短是很大的影响因素。同样是碰肩膀，持续时间短就只是友谊和礼貌的表现，但如果持续的时间更长一些，就会显得很亲密。

在约会的时候，你需要问自己这两个问题。"我平时是如何碰触自己的朋友的呢？""什么样的接触会让她感觉很特别呢？"假如你们在维持关系，请用第一个问题的答案。反之，如果你感觉到双方当下的关系已经非常稳定，想要进一步升级，那么就要问自己第二个问题了。

通过问自己这些问题，你可以学会如何在恰当的时间做恰当的事情。如果你和约会对象刚开始交往，你还在和她建立熟悉的感觉，那么很明显，如果你把手放在她腰上就是不恰当的触碰。

需要引起高度重视的是，你必须学会如何去把握时机和把握触碰对方的程度。一定要以绅士的姿态尊重女性，你们才能有更长远的发展。

公共场合和独处时的区别

注意场合！你应当特别留意身边是否有人会注意到你们之间的接触动作。在公共场合展示感情可能会让你的女伴产生尴尬情绪。

以手放在膝盖上的身体接触为例，如果你跟约会的对象并排坐在公园的长凳上，来往行人无数，那么太随意地去触碰她的膝盖很可能让她觉得不舒服。相同的情况如果发生在寂静的海滩上，你们都穿着泳装，你触碰她的膝盖就不会是很过分的举动。

平时请你观察人们是如何互相接触的，他们正常交往时的身体接触，就是在公共场合下大多数女人能够接受的身体接触。不要轻易在公共场合逾越界限。在私底下，你们身体接触的程度取决于你们之间的关系进展。所以如果想要升级关系，请尽量在不会被外人关注到的环境下进行。

一旦你开始对男女之间的界限有了明确的感受，就可以试着先与身边的朋友进行接触，男性和女性都可以。原因在于，你应该养成在公共场合对别人进行自然触碰的习惯。长此以往，在约会时，你身处公共场合就会很自然地触碰女方。在和喜欢的人进行身体接触时，你也会更放松。在大多数情况下，许多人还是对身体接触有抵触。但我们还是有一招撒手锏：多看看浪漫的电影和肥皂剧来找灵感。真的，我没有在骗你。

野兽绅士 男人应该是关系升级的主导者

在两性关系中女人会担心过于主动会被误认为"随便"，因此她们往往希望男人能担任起引导关系升级的责任。

一旦女人对你打开心扉，她会希望你能接住她抛出来的"绣球"。因为矜持在起作用，女人往往不会主动向你示好，所以升级关系的机会往往稍纵即逝。如果你在她抛绣球的这个瞬间没有好好接招，她会立刻关闭这扇门。

女人是敏感的动物，当她对你做出暗示，如果你一不小心错过，她就会认为你对她没意思。这时候无论你再如何讨好她，她都会开启自我保护机制，躲你远远的。

男人要做的是：在女人对你打开心扉的时候，把握好，迎上去。

在交往过程中，有些男人认为女人愿意赴约，答应和一起吃饭、看电影就代表她默许了两人的关系；有些男人认为，自己送给女人那么多礼物，在物质上付出了许多，女人就应该和他在一起。就是因为这些愚蠢的想法，才给两人的交往制造了许多困难。

一段关系，应该是双方情之所至，自然而然的发展，并不是索取，更不是交易。

索要、购买，传达给女人的信号是：你是个极度缺乏吸引力的男人，所以你需要靠这些手段去俘获她。她们自然会认为你不值得交往，或者认为你并不是个优质的恋爱人选，然后将你筛选掉。

那么，要如何主导一段关系的升级，能顺利地从认识到熟悉，从熟悉到确定关系，但又不至于让自己显得"猴急"？

答案是：让她认为你对她是特别的。

我们所有的搭讪互动、约会安排和亲切接触，目的无非都是让对方感觉到她在自己的生命中是个"特别的人"。

因为我们不会对不喜欢的人如此在意。

主导关系升级不是一蹴而就的事情，首先你需要长期观察她的生活、兴趣、爱好，然后要将你的观察付诸行动。比如带她去体验特别的地方，让这段经历赋予你们特别的意义；与她沟通你对事物的真正想法，让你们感觉到彼此之间有真诚的交流；称赞她内在的、更深入的魅力，让她明白你对她的欣赏；对她的所有行为给予正向反馈，在她的人生中建立起你的参与感……

这一切，本书已经给出了丰富的答案。如果你已经按图索骥，将一段关系推进至这一步，那么说明，你已经基本掌握了"野兽绅士"的真谛。我们可以畅想未来了。

建立共同预期，这决定了你们的未来。

一段关系自然而然的结果是两个人真正走到一起。如果你对这段关系寄予厚望，就需要建立对未来的共同预期。

你们的未来需要一个方向。女人需要一艘船带她前往未来，而把船开好是你的责任，请勇敢地承担起这个责任。毕竟恋爱时再浪漫刺激，总会有一天你们还是会回归细水长流的生活。共同预期才能帮助你们长久地走下去。

在两人关系的初期，如果你为了尽快得到芳心去做一些贴心事，比如第一次庆祝纪念日，第一次帮她收拾家务，甚至把工资交给她保管，这样做并没有错，但是会让你爱的她形成习惯，有了第一次就会有第二次，这样日积月累，习惯成自然，她会认为这是理所应当的事情。

一旦为这些事情按下了"开始"按钮，就很难再停下来。所以，如果你在以后的日子里没有做到或者没有做好，女人可能都会因为心理落差而埋怨你，你们之间的矛盾会慢慢加深。所以好的办法是循序渐进，初期相处相敬如宾，之后一步步把信任与爱渗透到你们的相处中去。

如果你不喜欢每天都见面，即便在恋爱蜜月期也要坦诚和对方说。

如果你不喜欢每个节日都要庆祝，那就别刻意找理由庆祝，改用别的方式对她好。

如果你想自由地自己支配自己的收入，那在一开始就不要把你的工资全部上交。

…………

或许你会问："初期做一些，后期再慢慢改变不好吗？"

答案是：不好。

　　一旦习惯养成，再让对方接受你的改变，对方就会认为你变了，女人会开始缺乏安全感，"你都变了！你不再爱我了！"这样的话便会脱口而出。

　　这个时候，多数男人会认为女人开始变得无理取闹，其实你没意识到，她的这种做法是由男人的改变导致的。所以最好的相处模式是：和她交流，让她们理解你的性格，尊重你的习惯，一同磨合双方的相处模式。

　　许多事情都需要双方慢慢地去适应，一旦两人就基本的"规则"达成一致，对日后的长期关系的形成和发展才会起到积极的推动作用。

　　最佳的做法是不要给对方精神负担。这点很重要，也是很多男人常常忽略的，包括我自己也是。爱一个人的时候，你会希望"拥有"她，但现实是谁也不能真正地拥有谁，我们只能"部分拥有"对方。很多男人会给对方很多条条框框的限制：要准时汇报、不许跟男人来往、检查手机记录等。先不论这些行为是否合理，但可以肯定这些都是男人没有自信的表现，更给了对方过多的精神压力。你可以跟对方商定原则，但不能让对方遵从一些不合理的要求。

　　越有原则的男人越有人爱。

—— 后记 ——

接触到了"野兽绅士"法则的你，手上已经有了一颗可以让你掌握幸福的神奇种子。

你希望把这颗种子植入内心深处，让它在躯体里生根发芽吗？

还是……让它自生自灭？

我想，每次合上书页的你，心中自有答案。

在此，我向所有为本书贡献力量的伙伴们一一致谢。

感谢《野兽绅士》的编辑团队。从2014年开始构思，直至2016年终于成书出版，历经两年，数易其稿，其中付出心血最多的便是编辑团队。责编曾为书中的无数个细节孜孜不倦地沟通磨合，韦跃更是改稿改到吐血，美编团队也常因为插画改动而加班加点，我向你们的敬业精神和专业品质深表感谢。

感谢"坏男孩"团队。从2009年回国至今，在我身边与我同甘共苦的每一位朋友，你们的真诚与热情都值得铭记。是与你们一起生活、思考的每个点滴成就了这本书。感谢我们曾经的创业伙伴乐鱼先生提出对"约会安排"的思考，其核心思想被我们沿用至今，并融入本书中。

感谢书中所有参与案例讨论和实验的朋友们，你们以亲身的实践和对生活经验的无私分享，与我共同完成了此书。为严格遵守版权规则，所有的创意都经由我们的工作人员在征得同意后才录入本书。如有疏漏，请与我们联络。

最后，我想说的是：一个男人的魅力，并不在于换一身衣服、背几句台词。

不断矫正行为模式，才能成长为更好的自己。

接受自己，勇于面对自己，恐怕是整个过程中最难攻克的一关。

在我看来，生命飞逝，青春时光更为短暂。如果你心怀渴望，那么，现在就是面对它最好的时间。你改变不了过去，但至少今天，你可以改变明天。

一起加油吧。

FONGHONG
凤凰联动出品